Familien in Bewegung

Praktischer Ratgeber zur Förderung der kindlichen Motorik

Egmont Pestalozzi Verlag, Erlangen

INHALT

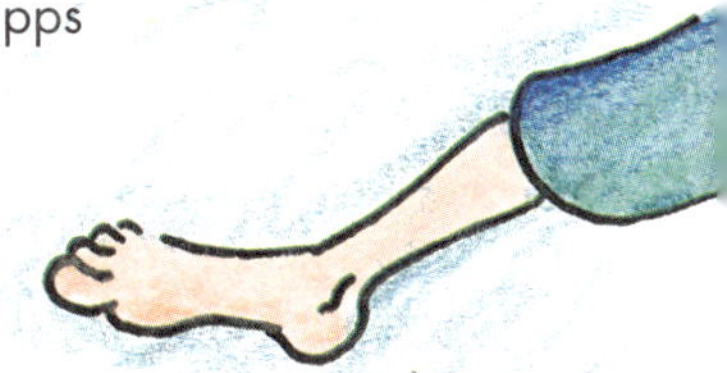

wer sich bewegt, kommt weiter

Liebe Familien,

Fitness-Studios haben Konjunktur, Aktivurlaub liegt im Trend, viele Menschen joggen in ihrer Freizeit, schwingen sich aufs Fahrrad oder betätigen sich auf andere Weise sportlich. Kurzum: Allerorten macht sich ein „Fitness-Boom" bemerkbar, der immer mehr Menschen – genau genommen Erwachsene – motiviert, etwas für ihr körperliches Wohlergehen zu tun.

So erfreulich diese Entwicklung fraglos ist, mit Blick auf die gesunde Entwicklung unserer Kinder hat sie eine alarmierende Kehrseite. Denn Schuleingangs-Tests und andere Untersuchungen weisen aus, dass immer mehr Kinder Defizite bei ihrer motorischen Entwicklung haben. Eine wesentliche Ursache: Bewegungsmangel. Wie kann das sein? Kinder haben einen natürlichen Bewegungsdrang. Nur wenige Wochen alt, heben sie bereits den Kopf, beginnen wenig später zu rollen, zu krabbeln, ehe sie stolz die ersten Schritte alleine tun und so ihre Umwelt erobern. Doch schon bald werden viele von ihnen gebremst – mit Sätzen wie: „Lauf nicht so schnell, du fällst sonst hin", „Pass auf, dass du dir nicht weh tust", „Bleib schön still sitzen". Sie wachsen hinein in eine hochtechnisierte Welt, die einlädt, sich bewegungsarm zu verhalten. Kinder sitzen vor Computer, Fernseher, Video und schauen anderen zu, die sich bewegen. Sie lernen Knöpfe und Tasten zu drücken oder an Hebeln zu ziehen, damit sich die Dinge um sie herum bewegen. Die oftmals wenig bewegungsfreundliche Umgebung tut ein Übriges, denn zubetonierte Höfe, zugeparkte Gehsteige, dichter Verkehr auf der Straße, fantasielose Spielplätze und beengte Wohnverhältnisse laden nicht gerade zum Aktivsein ein.

Dem wollen die BARMER und der Verein Mehr Zeit für Kinder mit diesem Ratgeber entgegenwirken. Denn Kinder brauchen Bewegung für ihre körperliche und für ihre seelische Gesundheit. Kinder, die gut springen, laufen und klettern, sind seltener krank und weniger unfallgefährdet. Sie entwickeln eher ein starkes Selbstbewußtsein, lernen leichter, werden schneller selbständig und finden im Allgemeinen leichter Freunde.

Dieses Buch beschreibt die motorische Entwicklung von Kindern. Es zeigt Folgen auf, die durch mangelnde Bewegung entstehen können. Und es liefert viele Spielideen, mit denen große und kleine Leute gemeinsam in Bewegung kommen können. Uns war es bei der Arbeit an dem Ratgeber ganz wichtig, dass die Vorschläge im normalen Alltag mit Kindern umgesetzt werden können. Deshalb haben wir uns über die vielen Zuschriften gefreut, die uns BARMER-Mitglieder nach einem Aufruf zum Thema „Familien in Bewegung" geschickt haben. Ihre praktischen Erfahrungen lieferten dem Autorenteam wichtige Hinweise. An dieser Stelle noch einmal ein herzliches Dankeschön. Bei der Auswahl der Autoren haben wir besonders darauf geachtet, Experten aus der Praxis zu gewinnen. Hier kommen Sportlehrer, Pädagogen und Bewegungsfachleute zu Wort, die das Thema als Eltern oder Erzieher tagtäglich im Umgang mit Kindern erleben.
Welche der Empfehlungen für Ihr Kind und sein Alter geeignet sind, wissen Sie am besten. Aber lassen Sie Ihr Kind mitentscheiden, wenn es um die Auswahl der Übungen und des Schwierigkeitsgrades geht. So lernt es, selbst Entscheidungen zu treffen, seine Fähigkeiten einzuschätzen und Selbstbewußtsein zu entwickeln.
Wir wünschen Ihnen, liebe Leserinnen und Leser, und allen Kindern viel Spaß mit dem neuen Buch. Es ist uns wichtig, allen die Freude an der Bewegung nahezubringen, ob Jung oder Alt, ob männlich oder weiblich. Bitte haben Sie jedoch Verständnis, dass wir im Text auf die Unterscheidung zwischen männlichen und weiblichen Wortformen zugunsten des flüssigeren Lesens verzichten.

Ihre BARMER und Ihr Mehr Zeit für Kinder e.V.

Für die freundliche und geduldige Unterstützung bei der Herstellung dieses Buches bedanken wir uns bei Edith Jentner und Mark Kalshoven vom Egmont Pestalozzi Verlag. Unser Dank gilt auch allen Fachleuten, die kompetent beratend mitgewirkt haben.
Folgende Sponsoren haben durch ihre redaktionelle Einbindung dazu beigetragen, das Buch zu finanzieren: Bi-Fi, Egmont Pestalozzi Verlag, Elefanten KG, Frosch, Polydor GmbH/Musik für Dich, Scout und Smarties.

Prof. Dr. Renate Zimmer, Sportzentrum der Universität Osnabrück

Kinder brauchen Bewegung

Bewegungserfahrungen sind immer auch Sinneserfahrungen

Kinder brauchen Bewegung – um sich wohlzufühlen und um sich selbst und die Dinge ihrer Umwelt kennen zu lernen, um mit anderen Menschen Kontakt aufzunehmen und sich ihnen mitteilen zu können. Bewegung ist aber auch Grundlage ihrer geistigen Entwicklung: Bevor sie sich einen „Begriff" von der Welt machen können, müssen sie sie mit allen Sinnen erfassen und begreifen können.

Kinderwelt ist Bewegungswelt: Auf den Bordsteinkanten statt auf dem Bürgersteig gehen, keine Treppen auslassen, mal kurz auf die Mauer klettern und wieder herunterspringen, jede Pfütze im Sprung überqueren, im Wald jeden Baumstamm, der am Wegrand liegt, zum Balancieren nutzen.

Bewusst erschweren sie sich den ebenen Weg, geben den sicheren Stand auf und klettern in schwindelnde Höhen, sie umgehen das Leichte, suchen das Risiko, um dabei sich selbst und die Welt lustvoll zu spüren.

Erwachsene betrachten solche Handlungen meist als sinnlos: Man verliert Zeit, vergeudet unnötig Kraft, geht vermeidbare Risiken ein. Warum denn vom geraden Weg abweichen, wenn die Treppe, die Mauer, der Baumstamm doch ein viel beschwerlicheres Gehen erfordern.

Für Kinder dagegen sind all diese Handlungen Ausdruck ihres Bedürfnisses, die Welt mit allen Sinnen kennen zu lernen. Bewegungserfahrungen sind immer auch grundlegende Sinneserfahrungen. Durch die Sinne begegnet ein Kind den Lebewesen und Dingen, es kann sie sehen, hören, befühlen und anfassen, kann sie schmecken und riechen, sich an und mit ihnen bewegen. Kinder wollen ihre Umwelt mit allen Sinnen in sich aufnehmen und auf sie einwirken, selbst tätig sein.

Sie wollen ihre Kraft spüren, ihre Geschicklichkeit auf die Probe stellen: klettern und springen, balancieren und rutschen, sich verstecken, weglaufen und gefangen werden.

Was Kinder durch Bewegung lernen

Für Kinder ist Bewegung vor allem Ausdruck ihrer Lebensfreude, gleichzeitig aber auch eine Quelle vielfältiger Erkenntnisse. Vor allem in den ersten Lebensjahren ist Bewegung ein wichtiges Erfahrungsmittel, von dem es abhängt, in welcher Weise das Kind Eindrücke aus seiner Umwelt aufnimmt und verarbeitet. Lernen im frühen Kindesalter ist in erster Linie Lernen über Wahrnehmung und Bewegung. Kinder gewinnen eine Menge an Erfahrungen über ihre Umwelt. In den ersten Lebensjahren ist das Denken noch an das unmittelbare Handeln gebunden. Das Lösen von Problemen erfolgt weitgehend durch den praktischen Umgang mit den Dingen und Gegenständen, durch das Ausprobieren und Erkunden. Erst mit zunehmendem Alter verlagert es sich mehr und mehr auf die Vorstellungsebene.

Durch Bewegung machen Kinder Erfahrungen über sich selbst, sie lernen ihre Fähigkeiten kennen, lernen sich einzuschätzen und entwickeln so die Voraussetzungen für Selbstsicherheit und Selbstvertrauen. Sie lernen aber auch, mit anderen umzugehen, deren körperliche Fähigkeiten zu akzeptieren, sich darauf einzustellen.

Kinder machen in Bewegung vor allem auch Erfahrungen über die Dinge und Gegenstände, mit denen und an denen sie sich bewegen. Indem sie mit ihnen umgehen, sie erproben, lernen sie deren besondere Eigenschaften kennen: dass ein Ball rollt, ein Luftballon fliegt oder wie auf einer Wippe das Gleichgewicht ausbalanciert werden muss. Bewegungsspiele fördern daher nicht nur die Bewegungsentwicklung der Kinder, sie regen auch ihre Denkentwicklung an. Begreifen und Erfassen ist abhängig vom Greifen und Fassen. Begriffe, die dem Erwachsenen selbstverständlich erscheinen, müssen vom Kind erst durch konkrete Handlungen gebildet werden.
Was zum Beispiel Gleichgewicht bedeutet, kann es nur verstehen, wenn es in verschiedenen Situationen mit dem Gleichgewicht experimentiert. Über schmale Mauern balancieren, auf einem wackeligen Brett zu stehen versuchen, aus Balken und Autoreifen eine Wippe bauen, das alles gibt Kindern Gelegenheit, selber Erfahrungen zu machen und gleichzeitig die Gesetzmäßigkeiten der Dinge kennen zu lernen. Erwachsene, die das Kind bei dieser Erfahrungssuche behindern, indem sie vorschnell eingreifen, belehren oder sogar das Balancieren (wenn es nicht wirklich gefährlich ist) verbieten, verhindern nicht nur wichtige Bewegungserfahrungen, sondern schränken das Kind auch im Aufbau seiner Begriffswelt und in seiner Denkentwicklung ein.
Nicht durch die Vorstellung und auch nicht durch Belehrung lernt das Kind die Welt kennen, sondern nur durch die eigene Tätigkeit.

Leben in einer sinnesfeindlichen Welt

Um solche Erfahrungsprozesse zu ermöglichen, brauchen Kinder eine Umwelt, die ihrem Bedürfnis nach Aktivität und selbständigem Handeln entgegenkommt. Sie brauchen vielfältige Möglichkeiten für den Einsatz und die Erprobung ihrer Sinne.

Aber – Kinder wachsen auf in einer sinnesfeindlichen Umwelt. Die Welt wird für sie immer undurchschaubarer und damit auch unverständlicher. Sie können Zusammenhänge nicht mehr unmittelbar selbst erleben und begreifen, sondern erfahren sie aus „zweiter Hand". Das Fernsehen vermittelt ihnen, dass die Milch von der Kuh kommt, und im Bilderbuch sehen sie, wie aus der Raupe ein Schmetterling wird. Türen öffnen sich, ohne dass man sie berührt, ein Knopfdruck genügt, um Kakao aus einem Apparat fließen zu lassen. Erfahrungen aus erster Hand können Kinder jedoch nur im eigenen Handeln machen; erst hier lernen sie, Zusammenhänge wirklich zu begreifen und den Dingen auf den Grund zu gehen.

Die Lebens- und Erfahrungswelt von Kindern wird heute immer mehr eingeengt. Die derzeitige Wohn- und Verkehrssituation führt zu einer Begrenzung des Erlebens der eigenen Körperlichkeit und der Sinne. Technik und Motorisierung verdrängen die Kreativität, schränken die Spiel- und Bewegungsmöglichkeiten ein und hindern Kinder an der unmittelbaren Erschließung ihrer Lebens- und Erfahrungsräume. Auf der anderen Seite sind Kinder heute einer unüberschaubaren Vielzahl von elektronischen Medien ausgesetzt (Fernsehen, Radio, Kindercomputer), deren Einfluss sie sich kaum entziehen können.

In einer Welt des Hebelziehens, Tastenbedienens, Knöpfedrückens wird der Körper kaum mehr gebraucht, und so besteht auch schon bei Kindern die Gefahr, dass sich ihre sinnliche Wahrnehmung vorwiegend auf das Sehen und Hören reduziert. Fernsehen, Video- und Computerspiele, Hörkassetten sind aus dem Alltag der Kinder kaum mehr wegzudenken, sie bringen allerdings ein Überangebot akustischer und optischer Reize mit sich, die darüber hinaus auch vorwiegend passives Konsumieren zur Folge haben. Körpernahe Wahrnehmungen, die die Aktivität des Kindes unterstützen und es zum Handeln herausfordern, geraten dagegen immer mehr in den Hintergrund. Alle Sinnesorgane brauchen jedoch Anregungen, um zu funktionieren. Sie brauchen Training, um sich weiterzuentwickeln. Sie müssen benutzt werden, um nicht zu verkümmern. In unserer technisierten, motorisierten Welt sind insbesondere die körpernahen Sinneswahrnehmungen in Gefahr, aus der Übung zu kommen.

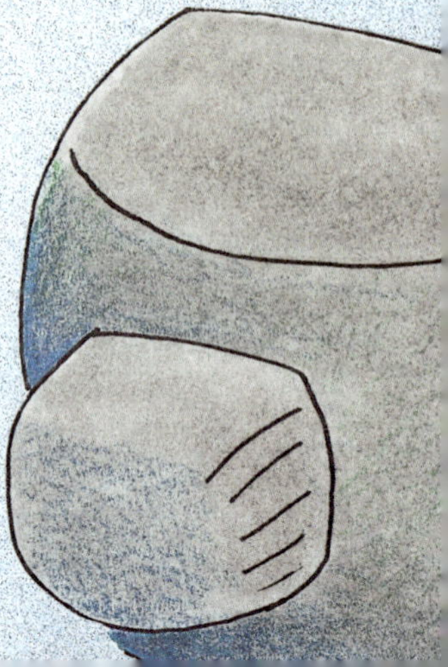

Was Kinder für ihre Entwicklung brauchen

Kinder, deren Spiel- und Bewegungsbedürfnisse nicht erfüllt werden, weisen häufig nicht nur in ihrer körperlichen Entwicklung und ihrem Bewegungsverhalten Defizite auf, sondern auch in ihrer Sprachentwicklung, Konzentrationsfähigkeit oder Intelligenzentwicklung.

Die Entwicklung der Motorik zusammen mit der Wahrnehmung stellen wichtige Voraussetzungen für die Fähigkeit zur Kommunikation, zur Äußerung von Gefühlen und damit auch zur Konfliktbewältigung im Umgang mit anderen dar. Das Kommunizieren mit und ohne Worte ist ein wichtiges Ausdrucksmittel, das sowohl zum Verständlichmachen eigener Einstellungen als auch zum Verständnis des Gesprächspartners beiträgt.
Bewegung ist auch notwendig, um die verschiedenen Körpersysteme wie Knochen und Muskeln, Herz-Kreislauf und Atmung zu entwickeln und leistungsfähig zu erhalten. Gerade in der heutigen Zeit lädt unsere hochtechnisierte Umwelt Erwachsene und Kinder gleichermaßen zu einem bewegungsarmen Verhalten ein. Der Zusammenhang von Bewegungsmangel und der Entwicklung von so genannten Zivilisationskrankheiten wie der koronaren Herzkrankheit, Gelenk- und Rückenbeschwerden, Osteoporose ist den meisten von uns bekannt. Regelmäßiges und vielfältiges Bewegen von Kindheit an trägt dazu bei, diesen Krankheiten vorzubeugen.
Versteht man Gesundheit als Zustand körperlichen, seelischen und sozialen Wohlbefindens, wird deutlich, welchen Beitrag die Förderung der motorischen Entwicklung zur Gesunderhaltung bei Kindern leisten kann. Wichtig ist, dass es allen Beteiligten Spaß macht und dass die Voraussetzungen für mehr Bewegung – vor allem durch die Eltern – geschaffen werden.

Um sich gesund und harmonisch entwickeln zu können, brauchen Kinder eine anregungsreiche Umgebung, in der sie selber tätig werden können. Sie brauchen den konkreten Umgang mit den Dingen, damit sie aus dem Tun innere Bilder aufbauen können.
Sie brauchen täglich Gelegenheiten, ihren Körper und all ihre Sinne einsetzen zu können, zu den Dingen hinzugehen, sie anzufassen und zu „be–greifen". Voraussetzung hierfür ist eine Umgebung, die nicht nur aus fertigem, unveränderbarem Spielzeug besteht, sondern ihr Selbertun herausfordert.
Meist sind es nicht die perfekten Spielmaterialien, die die kindliche Fantasie anregen, sondern gerade die undefinierten: eine Kiste, ein Brett, eine Decke, die den Anlass für eine Spielsituation geben.
Während Erwachsene meist gar nicht mehr fähig sind, Dinge und Gegenstände unabhängig von ihrem üblichen Verwendungszusammenhang zu sehen und zu gebrauchen, haben Kinder noch eine offene, nicht zweckgebundene Wahrnehmung der Dinge. Ihre Kreativität und Fantasie ermöglicht es, den Gegenständen eine eigene Bedeutung zu geben und sie in neuen Zusammenhängen zu verwenden. So ist ein Karton eben nicht allein ein Verpackungsgegenstand, der dann seinen Wert verliert, wenn er nicht mehr gebraucht wird. Aus der Sicht der Kinder eignet er sich vor allem zum

- Tunnelbauen,
- Anmalen, sodass ein Haus daraus wird,
- Hineinspringen oder Überspringen (falls er flach genug ist),
- Versteck spielen und, und, und …

Kinder brauchen vor allem das Unfertige. In einer Welt technischer Perfektion leiden sie Mangel am noch Formbaren, am Un- oder Halbfertigen, das zur eigenen Gestaltung einlädt. Unfertiges fordert zum Weiterentwickeln auf, es enthält die Möglichkeit, umgestaltet werden zu können, gibt Spielraum für eigene Ideen.

Die Familie als erster Bewegungsraum

Die Familie stellt in den ersten Lebensjahren den wesentlichsten Einflussfaktor auf die Bewegungsentwicklung der Kinder dar. Bereits die Wohnumwelt wirkt sich auf das Bewegungsverhalten der Kinder aus – ebenso können Bewegungsreize vom Spielmaterial und von Einrichtungsgegenständen in der Wohnung ausgehen.

So regt allein das Bereitstellen von Material und Raum Kinder zu Bewegungsaktivitäten an. Im Säuglings- und Kleinkindalter ist die Stimulation, die von der unmittelbaren Umgebung ausgeht, Anlass für aktive Erkundungen. Besonders wichtig ist dabei allerdings auch, wie sich die Eltern und Bezugspersonen gegenüber dem Kind verhalten: Überbehütung schränkt den Bewegungsraum der Kinder meist ein, sie werden übervorsichtig und trauen sich nur wenig zu. Eine liebevolle Begleitung des Kindes bei seinen Versuchen, sich die Welt über seinen Körper zu erobern, unterstützt es in der Entwicklung seiner Selbständigkeit und gibt ihm Vertrauen in die Erweiterung seiner Bewegungsmöglichkeiten.

„Selbständigkeit" kommt von „selber stehen können". Der Weg in die Selbständigkeit beginnt bei den ersten Versuchen des Kindes, sich über Bewegung, über seinen Körper und seine Sinne die Welt anzueignen.

Es bewegt sich was

Übersicht über die Entwicklung elementarer Bewegungen

In Spielkreisen und Krabbelgruppen stellen Eltern immer wieder fest, dass sich jedes Kind ganz individuell entwickelt. Je kleiner die Kinder, desto auffälliger sind die Unterschiede. Während das eine Kind schon mit sechs Monaten frei sitzt und zu krabbeln beginnt, liegt ein anderes im gleichen Alter noch auf dem Rücken und lässt sich nur mit Hilfe des Lieblingsspielzeugs zum Drehen auf den Bauch bewegen. Auch zwischen 12 und 18 Monaten sind die Unterschiede noch sehr auffällig. Manche Kinder laufen früh, andere sprechen sehr deutlich und haben schon einen beachtlichen Wortschatz. Alle diese ganz unterschiedlichen Entwicklungsverläufe sind normal. Welchen Sinn hat also eine Übersicht über die motorische Entwicklung des Kindes?
Übersichten können immer nur Anhaltspunkte geben, um die Entwicklung des Kindes einzuschätzen und mögliche Fehlentwicklungen frühzeitig zu erkennen. Die folgenden Angaben sind deshalb auf keinen Fall als Muss zu verstehen. Wir halten hier lediglich fest, welche motorischen Fähigkeiten die Mehrzahl der Kinder in einem bestimmten Altersabschnitt erworben haben. Dabei beschränken wir uns auf eine für die Thematik dieses Buches wichtige Auswahl motorischer Fähigkeiten.

Wenn die motorischen Fähigkeiten Ihres Kindes nicht in allen Punkten den Angaben entsprechen, dann ist das kein Grund zur Sorge. Erst wenn Sie feststellen, dass Ihr Kind sich deutlich langsamer entwickelt, und zwar in verschiedenen der hier aufgeführten Fähigkeiten, sollten Sie das zum Anlass nehmen, mit Ihrem Kinderarzt darüber zu sprechen. Er wird Ihnen bei Bedarf zu Krankengymnastik, einer Ergotherapie oder einer anderen geeigneten Maßnahme raten.

Motorische Entwicklung

1. bis 3. Monat

Im ersten Lebensmonat hält das Neugeborene seine Arme und Beine meistens angewinkelt und seine Hände zu Fäusten geballt. Nach den neun Monaten im Mutterleib muss es sich allmählich entfalten. Der Kopf eines Neugeborenen ist im Verhältnis zum übrigen Körper unverhältnismäßig schwer. Wenn Sie Ihr Kind hochheben und halten, müssen Sie den Nacken immer stützen, weil seine Muskeln noch zu schwach sind, um den Kopf zu tragen. Bewegungen werden in dieser Zeit meist durch Reflexe ausgelöst. Versuchen Sie aber nicht, diese Reflexe bewusst zu provozieren.
Im zweiten Monat stützt sich Ihr Baby in der Bauchlage allmählich ab.

Dafür setzt es den gesamten Unterarm ein. Für einen Augenblick gelingt es ihm manchmal, den Kopf in Bauchlage anzuheben. Nach wie vor sind seine Hände meistens zu Fäusten geballt. Zwischen der 6. und der 10. Woche findet ein für alle Eltern wunderbares Erlebnis statt: Ihr Kind lächelt Sie zum ersten Mal an!
Im dritten Monat wird Ihr Kind lebhafter und scheint mehr Anteil an seiner Umgebung zu nehmen. Es kann schon hörbar lachen, jauchzen und kleine vergnügte Schreie ausstoßen. Wenn es auf dem Rücken liegt, dreht es sich nach beiden Seiten – es nimmt seinen Kopf dabei jedoch nicht mit. In der Bauchlage kann sich Ihr Kind schon gut abstützen und den Kopf heben. Manche Babys schätzen die Bauchlage gar nicht. Sie sollten Ihr Kind, wenn es wach ist, dennoch immer mal wieder für kurze Zeit auf den Bauch legen, damit es seine Muskeln trainieren kann. Wenn Sie Ihr Kind aus der Rückenlage an den Armen hochziehen, beginnt es allmählich mitzuhelfen. Es hält den Kopf dabei meist in einer Linie mit dem Körper. Spielzeug versucht Ihr Kind jetzt in den Mund zu schieben, was ihm aber nicht immer gelingt.

4. bis 6. Monat

Im vierten Monat kann sich das Baby in Bauchlage gut und sicher abstützen und den Kopf dabei weit anheben. Im fünften Monat drehen sich viele Babys bereits vom Bauch auf den Rücken und – was etwas schwieriger ist – vom Rücken auf den Bauch. In Bauchlage hebt Ihr Kind manchmal Arme und Beine von der Unterlage ab. Im sechsten Monat fangen die meisten Kinder an, mobil zu werden. Sie rollen sich vorwärts, robben oder kriechen, um ein Spielzeug zu erreichen. Manche Kinder können nun auch für kurze Zeit frei sitzen. Dabei kippen sie allerdings oft noch um. Legen Sie Ihrem Baby deswegen eine dicke Krabbeldecke unter.
An dieser Stelle weisen wir noch einmal darauf hin, dass sich jedes Kind anders entwickelt. Auch wenn ein Kind im sechsten Monat gerade erst damit beginnt sich zu drehen, aber sonst noch nicht mobil ist, liegt kein Grund zur Sorge vor. Ihr Kind sollte allerdings bis zum Ende des sechsten Monats ein Spielzeug von einer in die andere Hand wechseln können, Gegenstände in den Mund stecken, die Hände überwiegend geöffnet halten, lallende Selbstgespräche führen und auf Geräusche reagieren, indem es sich der Geräuschquelle zuwendet.

7. bis 12. Monat

In dieser Zeit werden die Unterschiede in der Entwicklung der Kinder immer deutlicher. Besonders, wenn sie lernen zu laufen, sind Kinder in ihrer Entwicklung enorm unterschiedlich. Kinderärzte sagen, dass das Laufenlernen zwischen dem 9. und dem 18. Monat erfolgt. Lassen Sie Ihrem Kind deshalb die Zeit, die es braucht!
Als Richtwert kann gelten, dass die meisten Kinder mit 10 Monaten sicher krabbeln, vom Sitzen in den Vierfüßlerstand wechseln und sich

an Möbelstücken zum Stehen hochziehen. Mit einem Jahr sind diese Fähigkeiten dann eine leichte Übung für Ihr Kind. Um den 12. Monat herum gelingt es dem Kind auch, sich im Stand mit nur einer Hand festzuhalten und mit der freien Hand ein Spielzeug vom Boden aufzuheben – sich also danach zu bücken.

Das zweite Lebensjahr

Bis zur Mitte des zweiten Lebensjahres haben auch die Spätentwickler das Laufen gelernt. Oft holen sie ihren Rückstand schnell auf und bis zum zweiten Lebensjahr laufen, rennen und klettern sie genauso sicher wie die Frühentwickler. Mit etwa 15 Monaten fangen die meisten Kinder an, Treppen im so genannten Nachstellschritt zu erklimmen. Dabei halten sie sich noch für die nächsten Monate an der Hand eines Erwachsenen oder am Geländer fest. Treppen hinabzusteigen ist dagegen schwieriger. Überlegen Sie mal, wie hoch eine Treppenstufe im Verhältnis zur Körpergröße Ihres Kindes ist.
Im zweiten Lebensjahr werden die Kletterversuche Ihres Kindes immer gewagter. Es kommt jetzt ganz stark auf Ihr Verhalten an. Bemühen Sie sich, nicht bei jeder Unternehmung Ihres Kindes sofort einzugreifen. Ihr Kind wird dann bald den Mut verlieren und sich nichts mehr zutrauen. Wenn Sie zum Beispiel entdecken, dass Ihr Kind einen unbeobachteten Augenblick genutzt hat, um auf dem Spielplatz die Leiter eines Klettergerüstes zu erstürmen, stellen Sie sich ruhig hinter Ihr Kind, damit Sie es im Notfall auffangen können. Reagieren Sie aber nicht panikartig.

Ihr Kind wünscht sich kleine Hilfestellungen, aber Hauptsache ist, dass Sie ruhig bleiben und Ihrem Kind auch neue Fähigkeiten zutrauen. Halten Sie sich bei waghalsigen Unternehmungen bereit, um Ihrem Kind zu helfen und so möglichst Unfälle zu vermeiden, aber verhindern Sie nicht gleich jeden Kletterversuch.

Kinder im zweiten Lebensjahr lernen hauptsächlich, indem sie nachahmen. Wenn Sie staubsaugen, will Ihr Kind das auch tun. Wenn Sie gerne mit Freunden Sport treiben, Ball spielen oder joggen, dann lassen Sie Ihr Kind daran teilhaben. So wird es ganz von selbst erste Versuche mit dem Ball machen oder sich einfach durch Ihr Vorbild in seiner Freude an der Bewegung bestätigt fühlen.
Bis zum Ende des zweiten Lebensjahres können die meisten Kinder einen Ball ungezielt und meist nach unten werfen. Sie ziehen Spielsachen hinter sich her, schieben ihr Rutschauto oder ein anderes Gefährt und können unter einem niedrigen Tisch oder durch einen Kriechtunnel hindurchkriechen. Die Kinder bewegen sich zu Musik und haben Freude an einfachen, fröhlichen Liedern.

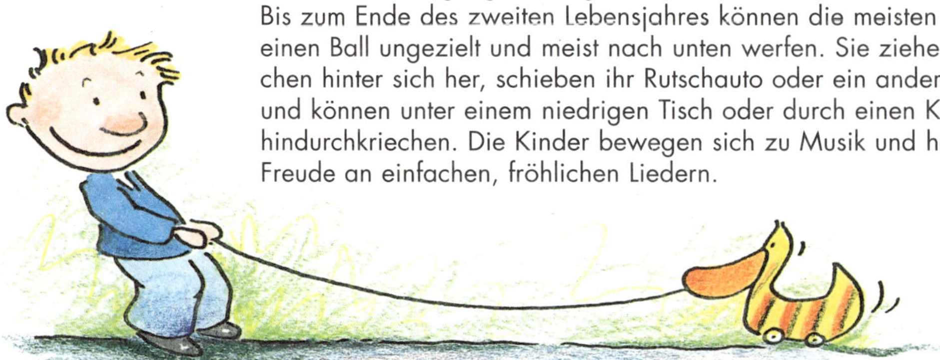

Das dritte Lebensjahr

Bis zum zweiten Geburtstag können Kinder rennen und tun dies auch sehr gerne. Sie erproben verschiedene Gangarten (rückwärts, seitlich). Viele Kinder steigen Treppen freihändig. Sie können Tuben auf und zu drehen, Kritzelbilder malen und halten den Löffel beim Essen relativ geschickt.

Bis zum Kindergartenalter – also bis zum dritten Geburtstag – kommen noch viele neue Fähigkeiten hinzu. Die Kinder beginnen zu balancieren. Dabei setzen sie die Füße allerdings noch nicht vor-, sondern weitgehend nebeneinander. Von niedrigen Mauern, Baumstümpfen oder auch der Bettkante wagen sie beidbeinig erste Sprünge. Beim Hüpfen kommen sie schon ein klein bisschen vom Boden hoch. Zuvor imitierten die Kinder das Hüpfen durch Kniebeugen, ohne jedoch wirklich vom Boden abspringen zu können. Für einen kleinen Augenblick können sie am Klettergerüst hängen, rollen sich um ihre Längsachse und fangen leicht geworfene Bälle mit beiden Armen und unter Mithilfe des Körpers.

Das vierte und fünfte Lebensjahr

Im Kindergartenalter hält die Freude an der Bewegung an. Angeregt durch das Vorbild der Freunde kommen immer neue Fähigkeiten hinzu, für die das Kind Anerkennung und Bestätigung einfordert.
Die Kinder können nun 3 – 4 Sekunden lang mit geöffneten Augen auf einem Bein stehen und so die Balance halten. Sie gehen auf den Zehenspitzen ungefähr 3 Meter weit, können 4 bis 6-mal auf einem Bein hüpfen und einen Ball wieder auffangen, den sie selbst hochgeworfen haben. Aus 2 Meter Entfernung treffen sie kopfhohe Ziele immer sicherer.

Das sechste und siebte Lebensjahr

Bis zum Schuleintritt zielen die Kinder beim Ballwurf schon ziemlich genau, können einen Tennisball nach einmaligem Aufspringen fangen und 8 bis 10-mal auf einem Bein springen. Niedrige Hindernisse überspringen sie auch auf einem Bein. Sie fahren Fahrrad, haben keine Koordinationsprobleme mehr beim Hampelmann und können ungefähr 10 Sekunden lang auf einem Bein stehen.

Bis zum Ende des elften Lebensjahres

Mit spätestens neun oder zehn Jahren können Kinder beim Ballwurf genau zielen. Sie fangen Bälle sicher und ohne Mithilfe des Körpers. Sie können mit geschlossenen Augen auf einem Bein balancieren und Kniebeugen korrekt ausführen. Im Sportunterricht erlernen sie erste balltechnische oder taktische Übungen.

Bundesarbeitsgemeinschaft für Haltungs- und Bewegungsförderung e.V., Wiesbaden

Der kann ja noch nicht mal einen Purzelbaum

Mängelbilder, ihre Folgen und was Eltern dagegen tun können

Sich viel bewegen, draußen herumtollen, die eigene körperliche Leistungsfähigkeit austesten – zugegeben, das ist heute nicht mehr so einfach wie früher. Im Zuge der gesellschaftlichen Entwicklung hat sich die Lebenswelt für Kinder und Jugendliche entscheidend gewandelt. Eine der Folgen: Fachleute beobachten einen zunehmenden Bewegungsmangel, der dazu führt, dass das körperliche und psychische Wohl der Kinder gefährdet ist.

Ist auch Ihr Kind davon betroffen?

- Sitzt es täglich mehr als eine halbe Stunde vor dem Fernseher?
- Bewegt es sich täglich höchstens eine Stunde?
- Ist es ein „Bewegungsmuffel" und spielt lieber allein?

Haben Sie eine dieser Fragen mit „Ja" beantwortet?
Dann sollten Sie wissen, dass Bewegungsmangel zu folgenden Beeinträchtigungen führen kann:

- Schwächung und Verkümmerung der Muskulatur, sodass ihre stützende und stabilisierende Funktion auf die Wirbelsäule, das Fußskelett und die gesamte Haltung nicht mehr genügend gewährleistet ist.
- Schwächung des Bindegewebes, dadurch können Überlastungsschäden in den Gelenken entstehen.
- Stoffwechselstörungen, wobei Fehl- und Überernährung Risikofaktoren für Übergewicht und Ausdauerschwächen sein können.
- Herz-Kreislauf-Funktionsschwächen und -erkrankungen. Folge: Die Organe sind weniger leistungsfähig, die körperliche Belastbarkeit wird erheblich verringert.
- Bluthochdruck, der bereits im Kindesalter vermehrt vorkommt.
- Motorischer Übungsmangel, der sich negativ auf die Koordination von Bewegungen auswirken kann. Bewegungsungeschick erhöht zudem die Unfallgefahr und beeinträchtigt das Selbstwertgefühl.

Gute Muckis braucht jeder

Bewegung ist Ausdruck menschlichen Lebens. Dabei gebraucht der Mensch seine Muskeln nicht nur zum Fortbewegen, sondern auch, um seinen Körper gegen die Schwerkraft aufzurichten und zu halten.
Bei unzureichender Muskelkraft und einseitigen Bewegungen der Haltemuskulatur, wie langem Sitzen, kommt es zu einem Missverhältnis von Belastung und Belastbarkeit der Knochen, der Wirbelsäule, der Gelenke und der Muskeln. Die Folgen sind ein Muskelungleichgewicht, typische Ausweichbewegungen der Wirbelsäule und Fehlhaltungen.
Die Abbildung zeigt die wichtigsten Muskelgruppen, die für die aufrechte Haltung und harmonische Bewegung notwendig sind. Damit sie sich ausgeglichen entwickeln können, müssen sie durch Bewegung ständig gekräftigt werden. So hilft Bewegung Ihrem Kind, eine gute aufrechte Haltung einzunehmen und sich geschickt zu bewegen.

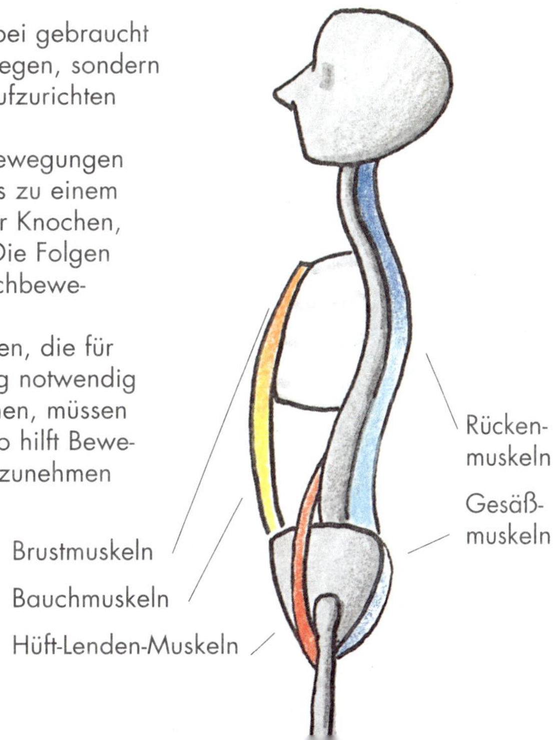

Man unterscheidet folgende Haltungsschwächen:

- Rundrücken
- Hohlrücken
- Hohlrundrücken
- Fußschwächen.

Schwache Rückenmuskulatur

Steht oder sitzt Ihr Kind oft mit vornübergeneigtem Oberkörper und hängen die Schultern nach vorn, so kann ein Rundrücken vorliegen. Bei dieser Haltungsschwäche ist die Rückenmuskulatur zu schwach, um den Oberkörper aufrecht zu halten. Dies führt zu vorzeitigem Verschleiß der Wirbelsäule im Brustbereich und zu einer Einengung des Brustkorbes. Dadurch wird auch die Herz- und Lungenfunktion beeinträchtigt.

Klettern, Hängen, Hangeln, Ziehen, Schieben und Stützen kräftigen die Rücken- und Schultermuskeln Ihres Kindes. Sie wirken einem Rundrücken entgegen.

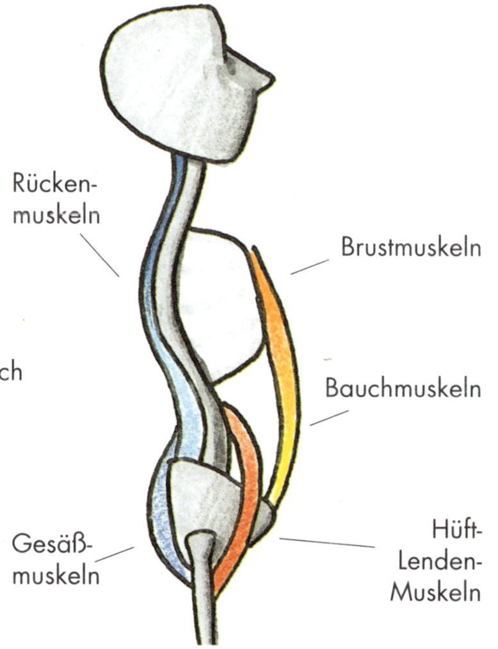

Schwache Bauchmuskulatur

Beobachten Sie bei Ihrem Kind im Stehen einen auffallend vorgewölbten Bauch und gleichzeitig ein Hohlkreuz, kann es sich um einen Hohlrücken handeln (Bei Kindern im Vorschulalter ist dies eine normale Entwicklung). Schwache Bauch- und Gesäßmuskeln verhindern, dass sich das Becken aufrichtet. Diese Haltungsschwäche kann zu einem vorzeitigen Wirbelsäulenverschleiß im Lendenbereich führen.

Das Aufrollen des Oberkörpers aus der Rückenlage bei angewinkelten Beinen sowie das Auf- und Abwinden an Stangen und ähnlichen Klettergeräten sind wichtige Übungen, die die Bauchmuskulatur Ihres Kindes kräftigen. Zur Stärkung der Gesäßmuskulatur achten Sie darauf, dass Ihr Kind viel läuft, Treppen steigt und viel Fahrrad fährt, statt Rolltreppen und andere Fortbewegungsmittel zu benutzen.

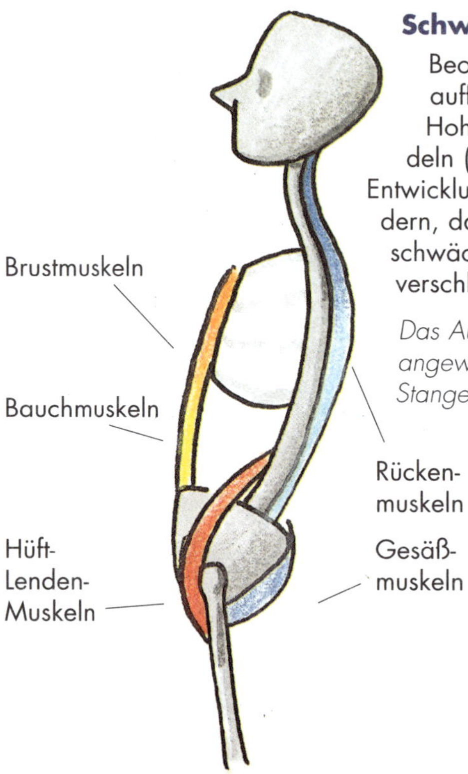

Daran kann der Arzt eine mögliche Haltungsschwäche der Wirbelsäule erkennen:

- Ihr Kind hat im aufrechten Stand einen auffällig runden Rücken.
- Von vorne gesehen hängt eine Schulter weiter herunter.
- Die Schulterblätter stehen deutlich wie „zwei Schlappohren" vom Rücken ab.
- Um den Kopf im Lot zu halten, wird der Kopf in den Nacken genommen.
- Beim Vorbeugen und Berühren des Bodens mit den Fingerspitzen bei gestreckten Beinen ist die Wirbelsäule nicht gleichmäßig gerundet.

Wie Sie und Ihr Kind die Rückenmuskeln stärken können, lesen Sie im Kapitel „Rückenfreundliche Bewegung für Kinder".

Schwache Fußmuskulatur

Die Haltung baut sich von den Füßen her auf. Fußschwächen oder Fußschäden sind größtenteils Folgen unserer Zivilisation. Darum kontrollieren Sie bitte Ihr barfuß stehendes Kind von hinten. Stellen Sie dabei fest, dass die Fersen nach außen abknicken, so liegt in der Regel eine Fußschwäche vor. Hauptursache hierfür sind zu schwache Fuß- und Beinmuskeln, die ebenso zur Abflachung der Fußgewölbe führen. Beschwerden in den Fuß-, Knie- und Hüftgelenken sowie im Bereich der Lendenwirbelsäule können die Folge sein.

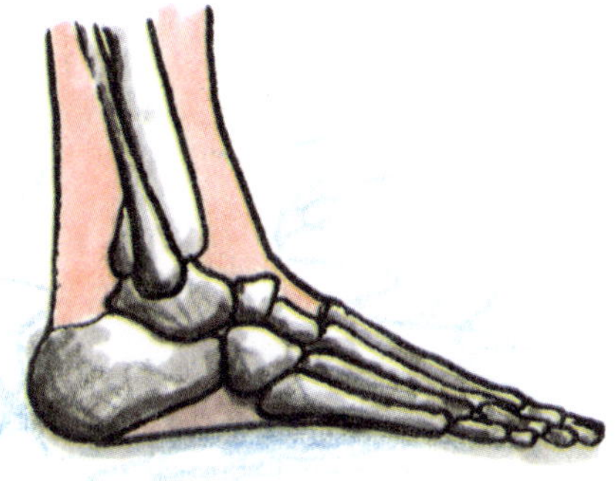

Achten Sie darauf, dass sich Ihr Kind so oft wie möglich barfuß bewegt. Auf weichem Untergrund, wie Rasen oder Sand, macht es besonders Spaß. Mit den Füßen greifen, die Füße strecken und beugen sowie elastisches Hüpfen und Springen können das Entstehen von Fußschwächen verhindern.
Für eine gesunde Fußentwicklung sind auch die Schuhe ganz wichtig. Sie sollten nicht steif, nicht zu groß und nicht zu eng sein. Informationen hierzu erhalten Sie auch im Schuhgeschäft.

Daran kann der Arzt eine mögliche Haltungsschwäche der Füße erkennen:

- Beim Springen kann das Körpergewicht nicht elastisch abgefangen werden. Bei einem muskelschwachen Kind erfolgt der Absprung kraftlos, und die Fersen berühren hart den Boden.
- Das Stehen auf den Fußballen kann vom Kind keine zehn Sekunden gehalten werden.

Normal Senkfuß

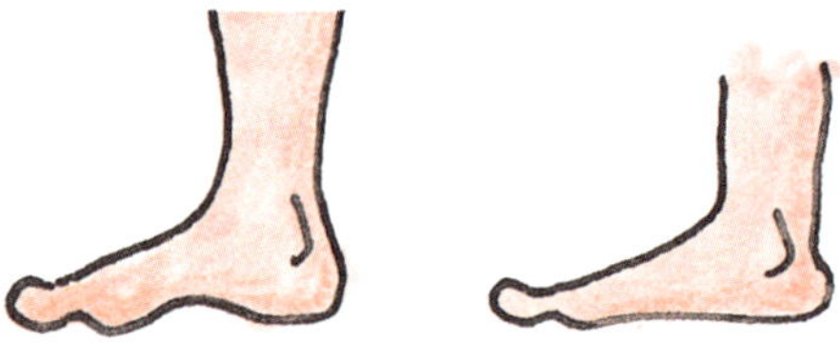

- Ein auf dem Boden liegendes Taschentuch kann vom Kind nicht mit den Füßen hochgehoben werden (Muskelschwäche und/oder fehlende Beweglichkeit der Zehengelenke).
- Die Fußzehen stehen weit auseinander (Spreizfuß).
- Der Fuß zeigt im Stand an der Unterseite eine starke Ausprägung des Fußlängsgewölbes (Hohlfuß).
- Das Fußgewölbe liegt flach auf dem Boden (Senk- und Plattfuß).
- Die Innenseite des Fußes wird deutlich mehr belastet. Der Fuß knickt nach innen ab (Knickfuß).

Spielanregungen für gesunde Füße finden Sie in dem Kapitel „Zeigt her eure Füße".

Normal Knickfuß

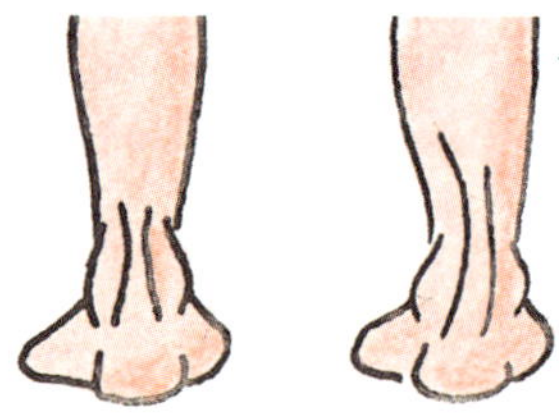

Mit der richtigen Puste ist jeder fit

Kommt Ihr Kind beim Laufen, Springen und Radfahren sehr schnell außer Atem und erholt es sich nur langsam von Belastungen, liegt eventuell eine Ausdauerschwäche vor. Sie kann eine Folge der Funktionsschwäche des Herz-Kreislauf-Atem-Systems sein.

Laufen, Schwimmen, Radfahren und viele Spielformen verbessern die Herz-Kreislauf-Atem-Funktionen. Ihr Kind fördert dadurch seine Ausdauer und reduziert darüber hinaus bei entsprechender Ernährung (wenig Süßigkeiten und Fette) auch sein Übergewicht.
Durch Bewegung an der frischen Luft wird Ihr Kind zudem widerstandsfähiger gegen Erkältungskrankheiten.

Schritt für Schritt zum Purzelbaum

Bewegungsmangel kann auch dazu führen, dass die Motorik beeinträchtigt ist. Ungeschickte Kinder haben deutliche Schwierigkeiten, ihre Bewegung zielgerichtet und harmonisch zu steuern.
Fällt es Ihrem Kind schwer, ein Hindernis geschickt zu überwinden, auf einem Bein zu stehen oder auf schmalen Flächen zu balancieren, kann eine Koordinationsschwäche vorliegen. Deutliche Schwierigkeiten im Vergleich zu Gleichaltrigen sollten Anlass sein, einen Arzt aufzusuchen, da eine hirnorganische Ursache zugrunde liegen kann.

Vielfältiges Spielen mit dem Ball (Rollen, Werfen, Fangen), Balancieren und Klettern, Rollschuh- und Stelzenlaufen sowie alle Bewegungen, die Gewandtheit erfordern, verbessern die Koordination Ihres Kindes. Achten Sie darauf, dass es möglichst vielfältige Bewegungserfahrungen in verschiedenen Situationen und mit unterschiedlichen Materialien sammelt. Ihr Kind erweitert dadurch insgesamt seine Wahrnehmungs- und Bewegungsleistung.

Psycho-soziale Auffälligkeiten

Traut sich Ihr Kind wenig zu, ist es ängstlich oder wollen andere Kinder nicht mit ihm spielen? Ist es oft unkonzentriert, hat es häufig Streit mit Gleichaltrigen oder spielt es ständig den Gruppenclown? Dies kann ein Zeichen sein, dass es mehr Beachtung, Anerkennung und Unterstützung braucht, denn oftmals ist das Selbstwertgefühl empfindlich gestört.
Erfährt es keine Hilfe, dann wird es sich von der Gemeinschaft noch mehr zurückziehen oder sich aggressiv verhalten.

Durch Spielsituationen und Bewegungsaufgaben, die dem persönlichen Lern- und Leistungsvermögen entsprechen, lassen sich über die Selbsterfahrung individuelle und erfolgreiche Bewegungserlebnisse entwickeln. Freude und Spaß in diesen Situationen können die positive Einstellung zu Bewegung und den Zugang zur Spielgemeinschaft erleichtern.
Fördern Sie insbesondere die Stärken Ihres Kindes und schenken Sie ihm Beachtung und Liebe.

Gehn wir heute mal raus?

Bewegungswelten von Kindern

Viele Familien wohnen heute nicht mehr so, dass man die Kinder zum Spielen einfach vor die Türe schicken könnte. Je nach Wohnlage kann es sogar sein, dass die Kinder selbst im Kindergartenalter noch nicht allein zum nächsten Spielplatz laufen können, weil der Straßenverkehr das nicht zulässt. Das eigentlich „natürliche" Spiel der Kinder im Freien ist für die Eltern dann mit erheblichem Aufwand verbunden. Häufig muss ein Elternteil alle anderen Arbeiten oder Bedürfnisse zurückstellen, um sich mit den Kindern auf den Weg zu machen.
Spiele im Freien lassen sich aber auch mit jungen Eltern aus der Nachbarschaft oder mit anderen Kindern gemeinsam organisieren. So kann die Belastung besser verteilt werden.
Selbst dort, wo ein Innenhof oder eine verkehrsberuhigte Zone direkt vor dem Haus zur Verfügung steht, fällt auf, dass Erwachsene mit zunehmendem Unverständnis auf den Bewegungsdrang der Kinder reagieren. Das fröhliche Geschrei, das alle Kinder beim Spielen und Toben machen, ist in vielen Wohngegenden kein selbstverständliches Geräusch mehr. Leider führt das immer häufiger dazu, dass Familien in einem ansonsten kinderlosen Umfeld Schwierigkeiten mit den Nachbarn bekommen.
Als Eltern haben Sie die nicht immer einfache Aufgabe, Ihren Kindern dennoch eine gesunde Bewegungsentwicklung zu ermöglichen.

Die Wohnung

Es scheint fast ein Gesetz zu sein, dass kleine Kinderhände schmutzig sind. Immer kleben verschmierte Keksreste, Knetkrümel, Blumenerde oder Farbe an den Fingerchen, obwohl die Eltern schwören könnten, dass sie gerade noch sauber waren. Für empfindliche Sofas oder teure Gardinen ist das Gift. Natürlich kann man sich bei der Ankunft eines Babys nicht komplett neu einrichten. Aber ein paar Gedanken zum Schutz wertvoller Möbel lohnen sich bestimmt. Empfindliche Sofas bekommen zum Beispiel für die ersten Jahre mit dem Kind einen robusten Schutzüberzug. Bodenvasen finden einen neuen Platz in einem Zimmer, das dem Kind nicht ohne weiteres zugänglich ist. Wertvolle Tische können abgedeckt und die Musikanlage sicher eingeschlossen werden.

So kann Ihr Kind im Wohnzimmer auch mal „Hampelmann“ spielen oder um den Couchtisch tanzen, ohne dass Sie dem Bewegungsdrang Ihres Kindes ein Ende setzen müssen. Bleibt noch eine weitere Hürde: die Nachbarn. Reden Sie mit Ihren Nachbarn, und zwar am besten, bevor das Klima belastet ist. Die Probleme mit Nachbarn sind meistens dort am größten, wo es die wenigsten Kinder gibt. Da ist „Angriff“ die beste Verteidigung: Suchen Sie das Gespräch mit den Nachbarn, laden Sie sie vielleicht sogar einmal ein, fragen Sie von sich aus nach, ob sich die Nachbarn gestört fühlen. Im Gespräch können Sie klarstellen, dass Ihre Kinder keineswegs besonders wild sind, sondern ganz „normale“ Kinder mit ganz „normalem“ Bewegungsdrang.

Das Kinderzimmer

Beobachtet man Kinder beim Spielen, fällt auf, dass sich ruhigere Spielphasen mit aktiven, bewegungsintensiven Intervallen abwechseln. Dem sollten Sie bei der Einrichtung des Kinderzimmers Rechnung tragen. Ist die Wohnung zu klein, um ein Kinderzimmer einzurichten, können Sie einfach eine Nische in einem Raum abtrennen. Auch Kinder brauchen – spätestens vom dritten Lebensjahr an – einen Raum, um sich zurückzuziehen.

Wählen Sie wenig, aber dafür sinnvolles Spielmaterial für Ihr Kind aus. Zu viel Spielzeug wirkt nicht anregend, sondern hemmt besonders jüngere Kinder, weil sie sich noch nicht gut entscheiden können. Im Kinderzimmer sollte vor allem viel Freiraum zum Toben oder Bauen mit Bauklötzen bleiben. Eine große Freifläche in der Zimmermitte kann einmal zum Aufstellen eines kleinen Trampolins, ein anderes Mal zum Aufbauen eines Kriechtunnels oder einer Höhle genutzt werden. Vorgefertigte Spielgeräte, die nicht verändert werden können, verlieren schnell ihren Reiz. Ein alter Tisch, der sich mit einer Decke in eine Höhle verwandelt, der ohne Decke aber ein Haus ist und sogar noch als Berg bestiegen werden kann, wird dagegen immer wieder interessant sein.

Bewegung im Freien

Ein Tag ohne eine längere Spielphase im Freien ist ein verlorener Tag für Ihr Kind. Kinder brauchen viel Bewegung im Freien für ihre gesunde Entwicklung. Wenn sie sich bewegen, „tanken" sie besonders viel Sauerstoff und finden auch ganz andere Anregungen als in der Wohnung.
Wenn Sie nicht zu den Familien gehören, denen ein eigener Garten oder ein Innenhof zur Verfügung steht, dann sollten Sie es sich zur Regel machen, jeden Tag mit dem Kind ins Freie, auf einen Spielplatz, in den Park, in die Felder oder in den Wald zu gehen. Sprechen Sie sich mit Nachbarn, Freundinnen oder Freunden ab. Gemeinsam macht es sicherlich mehr Spaß. Sie können sich bei der Betreuung auch ruhig mal abwechseln, wenn Sie zu sehr belastet sind.

Spielplätze und Grünanlagen

Spielplätze sind für Kinder gemachte Bewegungswelten. Leider sind sie nur selten ideal gestaltet. Wünschenswert wäre ein Spielplatz, der Freiflächen zum Ballspielen und Toben, Abhänge zum Besteigen und Hinunterrennen und Bodenmodellierungen hat, die sich bei Regen mit Wasser füllen oder zum Graben, Hüpfen, Klettern und Kraxeln anregen. Große Sandkästen sind für Kinder aller Altersgruppen ideal. Schon die Kleinsten buddeln begeistert. Spielgeräte sollten viele Funktionen haben. Ein Tau, das an einer Schräge hängt, kann als Stütze beim Klettern dienen. Wenn Kinder spielen, dient es in ihrer Fantasie auch als Feuerwehrschlauch, als Ankerseil oder als Urwaldliane. Spielplätze sind aber auch Orte der Begegnung. Darum sind Sitzbänke und Tische für Erwachsene und Kinder wichtig.
Wenn es in Ihrer Nähe keinen „idealen" Spielplatz gibt, dann ist das kein Grund zu resignieren. Sprechen Sie sich mit anderen Eltern ab und erkundigen Sie sich bei der Gemeindeverwaltung vor Ort nach dem zuständigen Ansprechpartner für Ihr Problem. In den meisten Fällen werden Sie feststellen, dass Ihre Wünsche und Anregungen ernst genommen werden.
Städtische Grünanlagen schließlich sind zum Erholen für alle Bürger da. Dazu zählen auch die Kinder. Es ist nicht einzusehen, dass Wiesen, die für Hunde zugänglich sind, von Kindern nicht betreten werden sollen. Auch in diesem Fall lohnt es sich, aktiv zu werden.

Die Straße

Freies Spielen ist nur noch auf sehr wenigen Straßen möglich. Kleine Anliegerstraßen oder Sackgassen ermöglichen es Kindern, die Straße als Treffpunkt zum Spielen zu erleben. Alle Kinder aus den umliegenden Wohngebieten kommen zum Radfahren, Skaten, Rollern, zum Seilspringen, Kästchen-Hüpfen oder zum Ballspielen zusammen. Wo immer es möglich ist, bietet es sich geradezu an, dass Eltern sich für die Einrichtung oder den Erhalt einer solchen „Spielstraße" einsetzen.
Kinder finden aber auch unter weniger günstigen Bedingungen Bewegungsmöglichkeiten: Über Kanaldeckel muss gehüpft werden, Mauern sind selbstverständlich zum Balancieren erfunden worden und die Kette hängt doch nur deshalb am Hoftor, damit man darunter durchkriechen, darauf schaukeln oder darüber klettern kann. So sieht das aus der Sicht Ihres Kindes aus. Leider haben wir Erwachsenen dafür nicht immer Verständnis. Auf dem Weg zum Supermarkt empfinden wir es zum Beispiel als unerträgliche Trödelei, wenn unser kleiner Begleiter jeden Stein erst beidbeinig, dann auf dem rechten und schließlich noch auf dem linken Bein überspringen muss. Wann immer es möglich ist, sollten Sie Ihrem Kind solche Bewegungsspiele allerdings ermöglichen. Eigentlich sollten wir Erwachsenen uns über den Erfindungsreichtum eines Kindes freuen, das sogar aus Steinen auf dem Gehweg noch ein fantasievolles Bewegungsspiel zu machen weiß.

Mama spielt heute Volleyball

Erste Bewegungserfahrungen mit und in der Familie

Bewegung ist wichtig – für Kinder ganz besonders, aber auch für Erwachsene.
Doch welches Vorbild bieten wir unseren Kindern? Bewegungsmangel ist auch unter Erwachsenen ein weit verbreitetes Problem. Viele Krankheiten und Beschwerden könnten gelindert werden oder würden gar nicht erst auftreten, wenn der Mensch sich ausreichend bewegen würde.
Unsere Vorfahren aus der Urzeit hatten dieses Problem nicht. Sie mussten sich noch mit großem körperlichem Einsatz ihre Nahrung beschaffen und hielten sich so automatisch beweglich und fit.
Auch heute weiß eigentlich jeder, dass zu wenig Bewegung die Gesundheit gefährdet. Trotzdem bewegen sich viele Erwachsene nicht gerne aktiv und treiben kaum Sport. Sicherlich ist es oft nicht einfach, neben den alltäglichen Belastungen wie Beruf und Familie auch noch Zeit für Sport oder andere körperliche Aktivitäten zu finden. Doch viele Menschen sehen gerade im Sport für sich eine Herausforderung, haben sehr viel Spaß dabei und können außerdem noch den Berufs- und Alltagsstress sinnvoll abbauen.
Darüber hinaus lassen sich aber auch im Alltag Bewegungssequenzen ohne viel Zeitaufwand umsetzen. So können Sie Ihren Kindern gleichzeitig ein gutes Vorbild sein. Benutzen Sie beispielsweise ganz bewusst die Treppe, statt mit dem Fahrstuhl oder der Rolltreppe zu fahren. Erledigen Sie Ihre Einkäufe – wenn möglich – zu Fuß oder mit dem Fahrrad, lassen Sie das Auto ruhig mal stehen. Hier ließen sich unzählige Beispiele auflisten. Aus der Sicht Ihres Kindes können Sie dann sicher spüren, dass Kinder, die ihre Eltern meistens aktiv und bewegend erleben, selbst Lust auf Bewegung verspüren.

Dabei drückt sich das schöne Gefühl der Gemeinsamkeit beim gemeinschaftlichen Toben durch den Wald ganz anders aus als zum Beispiel bei einem Gesellschaftsspiel. Kinder wollen sich und ihre Familie auch in Bewegung erleben! Meistens schaffen sie es dann, auch die Eltern zur Bewegung zu aktivieren. Auch Sie haben sicher festgestellt, dass seit der Geburt Ihres Kindes die Zeiten körperlicher Bequemlichkeit vorbei sind. Besonders mit mehreren Kindern bleibt Ihnen vermutlich nichts anderes übrig, als selbst ständig in Bewegung zu sein.

Aber bewegungsarme Eltern sind nicht die einzige Einschränkung, die Kinder davon abhalten, ihren Körper und ihre Kräfte zu erleben. Mit ihrem Entdeckungsgeist und und der Lust zum Toben stoßen Kinder gerade in der sogenannten Wohnumwelt schnell an natürliche und gesetzte Grenzen. So gerne Ihr Kind klettert – was auch gut für seine Entwicklung ist –, das Regal eignet sich einfach nicht als Leiter und die Gardine nicht als Kletterseil. Wenn Sie irgendwann feststellen, dass Sie zu Hause ständig damit beschäftigt sind, Ihr Kind von irgendwelchen Klettertouren abzuhalten, sollten Sie sich als Eltern an einem ruhigen Abend einmal Zeit nehmen für eine kleine Bilanz.
Dazu gehören folgende Fragen:

~ *Wie oft am Tag schränke ich den Bewegungsdrang meines Kindes ein?*

~ *Sind dies wirklich gefährliche Situationen oder bin ich vielleicht doch etwas zu ängstlich?*

~ *Wie oft biete ich meinem Kind die Möglichkeit, sich außerhalb der Wohnung richtig auszutoben?*

~ *Welches Beispiel biete ich hinsichtlich Bewegung?*

Fest steht, dass der Bewegungsspielraum innerhalb der Wohnung den Kindern nicht genügend Möglichkeiten bietet, ihre Beweglichkeit und Kraft auszuprobieren und zu verbessern. Je mehr Einschränkungen Ihre Kinder hier erfahren, umso stärker ist Ihr Vorbild und Ihr Engagement als Eltern außerhalb der eigenen vier Wände gefragt. Die Bewegungserfahrungen, die Sie Ihrem Kind dort bieten, sollten unterschiedlich aussehen.

Zunächst beobachtet Ihr Kind Sie, wie Sie mit Bewegung umgehen. Hier sollten Sie zeigen, dass es für Sie nicht nur eine Last ist, sich zu bewegen. „Komm, wir rennen um die Wette in die Küche!" statt: „Ich hab jetzt keine Lust aufzustehen." Regelmäßige sportliche Betätigung, die ganz selbstverständlich im Laufe der Woche stattfindet, bietet die Chance, dass Ihr Kind sieht, wie Sport Spaß macht und auch Spannungen abbaut. Irgendwann wird Ihr Kind sicher fragen: „Mama, warum gehst du eigentlich immer Volleyball spielen?" Wenn Sie dann mit echtem Gefühl von sportlicher Befriedigung sprechen können, haben Sie schon viel dazu beigetragen, dass Ihr Kind auch als Erwachsener Lust auf Bewegung hat. Außerdem ist Ihr Beispiel die effektivste Methode, Ihr Kind zu einer eigenen Sportart zu motivieren. Wenn es von klein auf Sport im Alltag der Eltern erlebt, kommt es viel eher auf die Idee, dass es selbst Spaß daran haben könnte.

Neben dem passiven Beobachten, wie sich die Eltern bewegen, wollen Kinder auch gemeinsame Bewegung erfahren. Mit den Eltern toben und rennen vermittelt dem Kind das Gefühl, dass es den eigenen Bewegungsdrang zulassen darf, und bietet ihm Gelegenheit, seine Kräfte zu messen. Ab und zu sollten auch andere Kinder dazu eingeladen werden, damit sich Ihr Kind beispielsweise beim Wochenendspaziergang auch mit Gleichaltrigen vergleichen kann. Vermeiden Sie aber Aussagen wie: „Schau mal, der Sebastian rennt aber viel schneller als du!" Ihr Kind vergleicht sich ganz von selbst und muss auf solche Unterschiede nicht hingewiesen werden. Der Ehrgeiz, schnell zu laufen und dabei sogar noch Spaß zu haben, wird durch Mut und Selbstvertrauen gefördert.

Mutige und selbstbewusste Kinder trauen sich, in der Bewegung ihre körperlichen Grenzen zu erfahren. Sie können mit Frustrationen umgehen und empfinden echte Freude und Stolz über ihre Fähigkeiten. Dazu gehört auch, dass die Eltern ihnen das zutrauen. Deshalb zum Schluss: Nur Mut! Ihr Kind kennt seine Grenzen meistens besser, als Sie denken. Es braucht aber Ihre innere Erlaubnis, sie immer wieder auszuprobieren!

Kleiner Bewegungs-Check für große Leute

Gerade in den ersten Lebensjahren prägt die Einstellung der Eltern zu Bewegung und Sport sehr stark das Verhalten der Kinder. Sich selbst und sich gemeinsam mit seinen Kindern zu bewegen ist der erste Schritt, um ihnen die Freude am Bewegen nahe zu bringen. Nur – mit der Theorie und der Praxis ist das eben so eine Sache … Hand aufs Herz: Wie sieht es mit Ihrer Bewegungsbilanz aus? Beantworten Sie einfach unseren kleinen Fragebogen und Sie erfahren, ob Sie zu den Bewegungsmuffeln gehören und was Sie eventuell dagegen tun können.

	häufig	selten	nie
Sonntags macht bei uns die ganze Familie einen Spaziergang, den auch die Kinder lustig finden	○	○	○
Wenn es regnet, fallen mir spontan Bewegungsspiele für drinnen ein	○	○	○
Ich tobe mit meinen Kindern im Garten oder auf der Wiese herum	○	○	○
Ich verbringe meine Zeit mit den Kindern eher auf dem Spielplatz als vor dem Fernseher oder Computer	○	○	○
Ich bin mit meiner persönlichen Bewegungsbilanz zufrieden	○	○	○

Wie oft haben Sie die Rubrik „häufig" angekreuzt?

0-mal Keine Panik! Noch ist nichts verloren, denn wir haben etwas für Sie. Auf den nächsten Seiten finden Sie unzählige Vorschläge und Spielideen, wie Sie sich mit Ihren Kindern bewegen und dabei viel Spaß haben können – und das mit einfachen Mitteln.

1 bis 3-mal Nicht schlecht! Sie sind jedoch steigerungsfähig. Lesen Sie einfach die folgenden Kapitel. Dort gibt es Spiele, Geschichten, Lieder und Übungen, mit denen Sie gelegentliche Stubenhocker garantiert hinterm Ofen hervorlocken – sich selbst eingeschlossen.

5-mal Super! Ihre Kinder können stolz auf Sie sein. Ihnen ist die Gesundheit Ihrer Kinder wichtig und Sie gehen selbst mit gutem Beispiel voran. Deswegen interessieren Sie sich bestimmt auch für spannende Bewegungsideen. Im Anschluss haben wir unter anderem mit Unterstützung der BARMER-Mitglieder eine Vielzahl alter und neuer Spiele sowie Übungen zusammengestellt. Lassen Sie sich überraschen.

Von Dschungelgymnastik bis Waldrallye

Tipps von BARMER-Mitgliedern

„Runter vom Sofa", so der dringende Appell vieler BARMER-Mitglieder an alle Erwachsenen und Kinder, wenn es darum geht, Familien spielerisch in Bewegung zu bringen. Das BARMER-Gesundheitsmagazin hatte einen Aufruf gestartet und seine Leser gebeten, Erfahrungen, Vorschläge und Ideen zum Thema „Familien und Bewegung" zu schicken. Und viele antworteten. Im Vordergrund der meisten Zuschriften stand die Erkenntnis, dass das Vorbild der Eltern eine entscheidende Rolle spielt. Wenn gemeinsam getobt, gelaufen, geklettert und gesprungen wird, gehört Bewegung mit zum Alltag der ganzen Familie.
Die Palette der Spielideen war bunt. Neben bekannten und bewährten Spielen für drinnen und draußen wie Gummitwist oder „Herr Fischer, wie tief ist das Wasser?" gab es Tipps, wie man eine Dschungelgymnastik zu Hause organisiert oder den klassischen Sonntagsspaziergang zu einer spannenden Schatzsuche oder Waldrallye umfunktioniert. Einige der originellsten Vorschläge lesen Sie auf den nächsten Seiten.

Familie Nettesheim, Bornheim

Die Schlange der vielen Ideen

Familie Nettesheim hat sich ihre eigene Hausschlange gebastelt, die nun Ideen für Bewegungsspiele liefert. Wer diese Schlange nachbauen möchte, braucht ein großes Stück Papier – zum Beispiel eine Tapetenrolle – einen Farbwürfel und verschiedene Spielfiguren. Auf das Papier wird eine lustige Schlange gezeichnet. Sie hat viele bunte Felder, die den Farben des Würfels entsprechen. In jedes Feld wird eine kleine Bewegungsidee geschrieben. Der Fantasie sind keine Grenzen gesetzt. Hier einige Vorschläge: Die Treppe hochlaufen, auf einem Bein stehen und bis zehn zählen, unter einem Stuhl hindurchkriechen oder wie ein Frosch durchs Zimmer hopsen. Je nach Alter der Mitspieler können die Aufgaben auch komplizierter sein. Nun heißt es, reihum würfeln und die Aufgabe lösen. Übrigens, für kleine Naschkatzen hat Familie Nettesheim zwischendurch auch Belohnungsfelder eingebaut.

Familie Breuer, Titz

Entspannung würfeln

Auch Familie Breuer entwirft ihre eigenen Bewegungsspiele mit Würfeln. Ihr Sohn Lars muss aus Therapiegründen jeden Tag Bewegungsübungen machen. Damit ihm das leichter fällt, haben seine Eltern die Aufgaben in ein Spiel verpackt. Sie schneiden aus Elternmagazinen, Apothekenpostern oder Kinderzeitschriften Spielpläne mit Zahlen aus und texten zu den einzelnen Aktionsfeldern eigene Übungen. Dort, wo es normalerweise heißt „einmal aussetzen" oder „zwei Felder vorrücken", wird nun ein Purzelbaum geschlagen oder ein Katzenbuckel gemacht. Oder ganz einfach ausgeruht: Augen schließen und fünfmal tief durchatmen. Denn auch Entspannung gehört zur Bewegung dazu.

Familie Weitzmann, Neuenkirchen

Der Löwe ist los

Wenn Tochter oder Sohn reizbar und lustlos sind, spielt Familie Weitzmann das Löwenspiel. Dazu steckt sie eine begrenzte Fläche als Arena ab, zum Beispiel einen Teppich. Je zwei Mitspieler knien auf dem Boden und klemmen zwischen ihren Köpfen ein kleines Kissen fest. Jetzt kann es losgehen: Ziel ist es, den anderen Löwen aus der Arena zu schieben. Dabei wird gebrüllt und gefaucht. Wer ist der gefährlichste Löwe? Und wer der stärkste?

Familie Feldhaus, Datteln

Hier tanzen die Mäuse

Bei Familie Feldhaus tanzen manchmal die Mäuse dem Kater auf der Nase herum. Dieses Spiel macht mit mehreren Kindern besonders viel Spaß: Jedes Maus-Kind kriecht unter einen Stuhl und sitzt so im „Mauseloch", während ein anderes Kind – der Kater – um die Mäuse herum schleicht. Sobald der Kater laut miaut, verlassen die Mäuse ihren sicheren Platz und kriechen schnell in ein anderes Loch, sprich: unter einen anderen Stuhl. Auch der Kater versucht, ein Mauseloch zu ergattern. Gelingt ihm das, wird die Maus ohne Haus zum Kater, und das Spiel beginnt von vorn.

Familie Cheema, München

Dschungel-Abc

Tierisch geht es auch bei Familie Cheema zu. „Dschungelgymnastik" heißt eines ihrer Lieblings-Bewegungsspiele. Dazu denken sich alle zu jedem Buchstaben des Alphabets ein entsprechendes Tier aus – von A wie Affe bis Z wie Zwergkaninchen. Der Reihe nach wird ein Tier ausgesucht und nachgeahmt. Da hüpfen alle Mitspieler wie eine Heuschrecke durchs Zimmer oder kriechen wie ein Krokodil auf den Ellenbogen und mit gestreckten Beinen über den Fußboden. Bei besonders schwierigen Buchstaben wie Q, X oder Y ist eine Ruhepause erlaubt. Oder es werden Fantasietiere erfunden: Wie bewegt sich zum Beispiel ein Wolpertinger oder eine XXL-Ameise?

Familie Jansen, Recklinghausen

Erlebnisbahn

Eine Erlebnisbahn hat sich Familie Jansen ausgedacht. Dazu wird im Zimmer eine kleine Strecke mit Hindernissen aufgebaut. Stühle, Hocker, Seile, Decken – alles kommt zum Einsatz. Mehrere Stühle stehen in einer Reihe nebeneinander, sodass die Rückenlehne jeweils auf der gleichen Seite ist. Die Kinder kriechen und schlängeln sich durch die Stühle hindurch. Sie balancieren auf dem Seil, machen dann auf der Decke eine Kerze, schlagen einen Purzelbaum, springen von einem kleinen Hocker – kreative Mitspieler lassen sich für die einzelnen Haltestellen immer wieder etwas Neues einfallen.

Familie Wist, Westhausen

Allwetter-Hindernisbahn

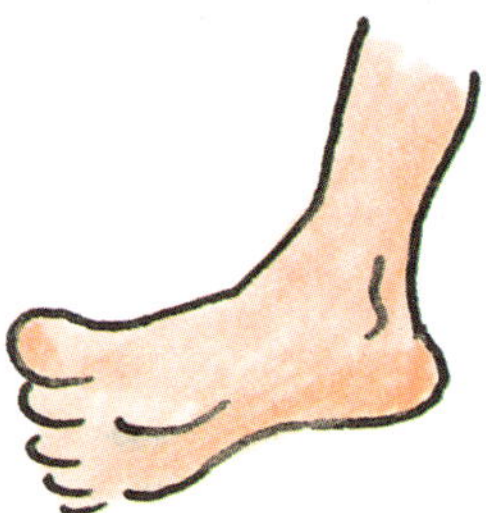

So eine Hindernisstrecke gehört auch zu den Lieblingsaktivitäten von Familie Wist. Zumal sie die meisten Stationen, je nach Wetter, drinnen und draußen aufbauen kann. Gemeinsam tüfteln Eltern und Kinder die Aktivitäten aus. Besonders wichtig ist allen dabei, dass die Ideen der Kinder berücksichtigt werden. Und das sind einige der Varianten:
An einer Station müssen die Mitspieler Stifte mit den Zehen aus einem Behälter angeln und in einen anderen wieder ablegen. Dann versucht jeder, mit einem Reissäckchen auf dem Kopf einen Gegenstand vom Boden aufzuheben und ihn an eine andere Stelle zu bringen – ohne dass das Säckchen vom Kopf fällt. Nächster Halt: In Bauchlage werden zwei kleine Gegenstände (Reissäckchen, kleine Flaschen) mit den Händen angehoben, an den Ohren entlang nach vorne geführt, zurückgenommen und wieder abgelegt.

Familie Knecht, Hausen

Fang das Licht

Wenn die Tage kürzer werden, spielt Familie Knecht gerne ihr Taschenlampenspiel. Im Dunkeln lässt dazu ein Mitspieler den Kegel einer Taschenlampe durchs Zimmer wandern – über den Boden, das Bett, an der Wand hoch. Die anderen müssen versuchen, den Lichtkegel zu fangen, indem sie drauftreten, ihn an der Wand oder auf Möbelstücken berühren. Wer das Licht gefangen hat, bekommt die Taschenlampe und darf nun das Licht auf die Reise schicken.

Familie Rudolph, Hamburg

Blätterjagd

Eine Variante dieses Fangspiels lieferte uns Familie Rudolph. Im Herbst, wenn der Wind die Blätter von den Bäumen wirbelt, geht sie auf Blätterjagd. Möglichst viele Blätter sollen in der Luft gefangen werden. Dabei kommt es darauf an, ein Blatt schon in der Höhe beim Fallen zu entdecken. Nur so kann man rechtzeitig loslaufen, um es zu erhaschen. Das ist gar nicht so einfach, denn Blätter fallen nicht einfach senkrecht nach unten. Manchmal werden sie von einem weiteren Windstoß in die Höhe geblasen und ändern dabei erneut die Richtung.

Familie Mels, Stadtlohn

Waldrallye

Auch Familie Mels hat sich etwas zum Thema Spazierengehen einfallen lassen und den Sonntagsspaziergang kurzerhand in eine spannende Waldrallye umgewandelt. Dazu braucht sie nur wenige Utensilien, die sich alle in einem Rucksack verstauen lassen: zum Beispiel kleine Bälle, ein Seil, Papier, einen Stift und eine Uhr mit Sekundenzeiger. Und schon kann's losgehen. Auf herumliegenden Baumstämmen wird vorwärts oder rückwärts balanciert. Wer schafft eine Drehung? Auf dem Stamm kann auch ein Beruf pantomimisch dargestellt werden und die anderen Familienmitglieder müssen ihn erraten. Natürlich darf der Schauspieler dabei nicht das Gleichgewicht verlieren. Für die nächste Station sucht sich jeder Teilnehmer Wurfgegenstände wie Tannenzapfen oder Eicheln. Damit müssen bestimmte Bäume getroffen werden, denen zuvor eine Punktzahl zugeordnet wurde. Je größer die Entfernung, desto höher die Punktzahl.

Familie Reißig, Naunhof

Bäumchen, wechsle dich

Mit dem Spiel „Bäumchen, wechsle dich" bringt Familie Reißig Abwechslung in ihre Waldspaziergänge. Bei diesem Spiel, das sicherlich viele noch aus den eigenen Kindertagen kennen, sucht sich jeder Mitspieler einen Baum. Auf ein bestimmtes Zeichen wie Rufen, Klatschen oder Handheben, muss jeder losrennen und zum Baum eines Mitspielers laufen. Wer zuletzt ankommt, setzt bei der nächsten Runde aus und ist Schiedsrichter. Natürlich funktioniert dieses Spiel auch im Garten oder sogar zu Hause im Zimmer. Dann ersetzen Handtücher, Zeitungen oder Hula-Hoop-Reifen die Bäume.

Mit Büchern in Bewegung

Bücher und Bewegung? „Wie geht das zusammen?", denken Sie vielleicht auf den ersten Blick. Schließlich bedeutet Lesen oder Vorlesen ruhig im Sessel sitzen, im Bett liegen, kuscheln. Wo also bleibt da die Bewegung? Zwischen den Seiten. In den Geschichten, in den Bildern oder ganz einfach in dem, was man sonst noch alles mit manchen Büchern anfangen kann.

Wer spielt mit?

Von Pestalozzi gibt es beispielsweise Bücher, in denen das Thema „Bewegungsspiele drinnen und draußen" ansprechend aufbereitet wird. Ihre Helden liefern Ideen, die Ihre Kinder mit Ihnen oder alleine zu Hause, im Kindergarten, auf dem Spielplatz umsetzen können. Diese Bücher machen Kinder neugierig und wecken die Lust am Nachahmen.
Hier sind es Teddy, der Kasper und die Puppe Lisa, die im Kinderzimmer spielen. Gemeinsam entdecken die drei Freunde immer neue Spielmöglichkeiten: eine witzige Kissenschlacht, eine Fahrt auf dem Dreirad oder eine Runde auf Stelzen. Einige der dicken Pappseiten lassen sich sogar auseinanderziehen und machen so ein Bild im Bild sichtbar.
Wo steckt denn Lisa schon wieder? Vorsichtig ziehen – und schon kommt sie zum Vorschein.
Bücher mit Ziehmechanik oder Laschen zum Aufklappen fördern die Feinmotorik. Darüber hinaus binden sie ihre Zuhörer mit in die Geschichte ein, die durch den Überraschungseffekt noch an Spannung gewinnt.

Wann haben Sie das letzte Mal mit Ihrem Kind eine Kissenschlacht gemacht? Oder wie wäre es mit dem Bau einer Abenteuerlandschaft aus Kissen, kleinen Kartons und ähnlichen Hindernissen zum Draufklettern, Drüberspringen und Stapeln? Lassen Sie sich von den bunten Abbildungen inspirieren.

Immer an der Linie entlang ...

Mal- und Bastelbücher, Sticker- und Mandalamalbücher sind schon bei Vorschulkindern beliebt. Ab etwa drei Jahren haben die meisten Spaß am Ausmalen, Ausschneiden, Kleben. Auch wenn der Umgang mit Stift, Pinsel, Schere oder Kleber noch nicht perfekt ist, schult Ihr Kind dabei die Feinmotorik. Es trainiert zudem seine Konzentration, wenn es sich bemüht, nicht über den Rand zu malen, die Form genau entlang der Linie auszuschneiden oder den Aufkleber exakt auf das dafür vorgesehene Feld zu pappen. Nebenbei lernt es eine Menge über Formen und Farben.
Einige Malbücher enthalten Punkt-zu-Punkt-Zeichnungen mit Zahlen. Auch wenn Ihr Kind diese noch nicht kennt, hat es sicher Spaß an den Malvorschlägen. Spielerisch lernt es die Zahlen kennen und entwickelt über die kontrollierten Handbewegungen Fertigkeiten, die es später für das Schreibenlernen benötigt.

Achten Sie bei Mal- und Bastelbüchern auf die Altersangaben der Verlage. Sie sollten Ihr Kind nicht überfordern, sonst verliert es leicht die Freude daran.

Fädelspaß

Mit Büchern kann Ihr Kind mehr machen, als nur eine Seite umblättern. Viele Kinderbücher sind mit zusätzlichen Hilfsmitteln wie Bändern, Perlen und ähnlichem ausgestattet. Ihr Kind kann damit beim Zuhören die Geschichte mitgestalten. Aktiv die Abenteuer der Buchhelden wie der mutigen Maus oder dem ängstlichen Kuschelhasen mitzuerleben und mitzugestalten, ist ein schönes Leseerlebnis. Wenn dann noch Fähigkeiten wie Fingerfertigkeit und Koordination von Auge und Hand spielerisch trainiert werden, fiebert Ihr Kind nicht nur mit den Buchhelden. Auch seine Feinmotorik wird „ganz nebenbei" geschult.

Kindern macht es Spaß, einen Faden gezielt durch eine kleine Öffnung zu bekommen und zum Beispiel Perlen oder Knöpfe aufzufädeln. Wenn Sie fürchten, dass jüngere Geschwister die Kleinteile in den Mund nehmen, geben Sie Ihrem Kind gelochte Bierdeckel und eine Schnur. Auch damit kann es erste Fädel-Erfahrungen sammeln.

Wie war das noch im Mittelteil?

Fingerspiele, Abzählreime, Kniereiterverse und Kinderlieder bieten eine Vielzahl von Bewegungsmöglichkeiten. Aber geht es Ihnen auch manchmal so? Die ersten vier Zeilen bekommen Sie gerade noch hin. Aber spätestens bei der zweiten Strophe verlässt Sie jegliche Erinnerung. Kein Problem: Es gibt Bilderbücher ab dem Babyalter mit den immer aktuellen Liedern und Reimen inklusive Spielanleitungen. Solche Sammlungen sind ein Stück Kinderwelt, das von Generation zu Generation weitergegeben wird. Lassen Sie Ihr Kind daran teilhaben. Bei diesen Versen und Liedern kann es seine Feinmotorik spielerisch trainieren, seine Bewegungen koordinieren und mit Ihnen tanzen oder herumtoben. Nebenbei schult es sein Gefühl für Sprache, Melodie und Rhythmus.

Zehn kleine Zappelmänner
zappeln hin und her,
zehn kleine Zappelmänner
finden´s gar nicht schwer.
Zehn kleine Zappelmänner
zappeln auf und nieder,
zehn kleine Zappelmänner
tun das immer wieder.

Zehn kleine Zappelmänner
zappeln ringsherum,
zehn kleinen Zappelmännern
scheint das gar nicht dumm.
Zehn kleine Zappelmänner
spielen gern Versteck,
zehn kleine Zappelmänner
sind auf einmal weg.

Aus: „Die schönsten Kinderlieder, Abzählreime und Kniereiterverse", Egmont Pestalozzi Verlag

Sicher im Verkehr

Für viele Kinder ist der Gehsteig vor dem Haus ein zentraler Ort für Spiel und Bewegung. Auf dem Weg zum Kindergarten oder zum Spielplatz müssen Straßen überquert werden. Weiß Ihr Kind, wie es sicher über den Zebrastreifen geht? Worauf es bei der Ampelregelung achten muss? Und wie es sich auf dem getrennten Rad- und Gehweg verhalten soll?

Mit Hilfe von Büchern und der Darstellung typischer Verkehrssituationen kann Ihr Kind frühzeitig lernen, wie es sich sicher im Straßenverkehr bewegt. Denn nicht jede Ampel, jeder Zebrastreifen bedeutet automatisch „sichere Zone". Kinder rechnen nicht mit der Unachtsamkeit der Erwachsenen. In den Kinderbüchern erkennt Ihr Kind bereits Bekanntes wieder, lernt aber auch Neues zum Verhalten im Straßenverkehr.

Zeigen Sie Ihrem Kind in Büchern und auf der Straße die wichtigsten Verkehrszeichen und erklären Sie ihm, was sie bedeuten. Gehen Sie in Ihrer Umgebung auf Entdeckungsreise.

Aus: „Sicher in den Kindergarten", Egmont Pestalozzi Verlag

Jetzt kommt ein Karton

Spiele mit Alltagsmaterialien

*Wenn Sie den Bewegungsdrang Ihrer Kinder aktiv fördern möchten, können Sie viele Dinge zur Unterstützung selbst herstellen.
Ob Kartons, Papprollen, alte Zeitungen oder leere Jogurtbecher: in nahezu jedem Haushalt sind Alltagsmaterialien vorhanden, die sich ohne großen Aufwand für eine Vielzahl kindgerechter Bewegungsaktivitäten eignen. Zudem fördert ihr spielerischer Einsatz auch die Kreativität Ihres Nachwuchses.
Was man mit Alltagsmaterialien alles machen kann, erproben Kinder meist selbst – lassen Sie Ihren Kindern einfach den Spielraum dafür.
Die folgenden Beispiele stellen daher lediglich Anregungen dar.
Die Spielideen können Sie Ihrem Einfallsreichtum und dem Ihrer Kinder entsprechend variieren und für neue Bewegungsspiele nutzen.*

Ein Karton ist mehr als ein Karton

Kartons von Fernsehern oder Waschmaschinen und natürlich auch Umzugskartons eignen sich wegen ihrer Größe besonders gut für Spiele im Freien – auf dem Schulhof oder auf einer Wiese.
Bei Kindern stehen große Kartons hoch im Kurs, weil sie damit leidenschaftlich gerne ihre „Höhlen" oder „Buden" bauen und große und kleinere Gegenstände in ihnen verbergen können. Außerdem lassen sich Kartons mit Farben und Papier besonders gut gestalten. Für die folgenden Spiele können die Kartons gar nicht groß genug sein.

Zugspiele

Diese Spiele sind nicht auf den engeren Kreis Ihrer Familie beschränkt. Sie eignen sich auch und besonders für Kinderfeste wie zum Beispiel den nächsten Kindergeburtstag.
Um aus großen Kartons eine Lokomotive und Waggons zu bauen, trennen Sie zunächst mit einem Teppichmesser die oberen Flügel des Kartons ab. Der Karton ist jetzt nach oben offen. Dann kleben Sie alle Böden gut zu und schneiden je nach Bauchumfang der Kinder Löcher in den Unterboden und Grifflöcher in die Seiten der Kartons. So können die Kinder später „einsteigen" und sich an der Lokomotive oder dem Waggon festhalten. Mit Wasserfarbe angemalt oder Buntpapier beklebt erhält jeder Karton seine eigene fantasievolle Optik. Jetzt geht das Spiel los. Zum Warmwerden laufen alle Akteure um die aneinander gereihten Kartons herum.

Auf ein bestimmtes Kommando

- steigt jeder der kleinen Mitreisenden in einen Karton und wieder heraus,
- werden die Kartons mit dem Kopf, dem Ellenbogen oder dem Knie berührt,
- springen alle zusammen in einen Karton
- sucht sich jeder einen Karton aus und ...

... ab geht die Fahrt.

Vorsicht:
Die Kinder niemals stehend ziehen oder schieben lassen!

Der Lokomotivführer gibt die Richtung und das Tempo an. Die kleineren Wagen hängen sich hinten dran und versuchen, der Lokomotive zu folgen, ohne dass sie auffahren oder abgehängt werden. Der Lokomotivführer fährt mal ganz langsam wie mit einer alten Dampflok oder rasant wie ein moderner Schnellzug. Er fährt durch Kurven und – unter lautem Pfeifen – durch einen Tunnel. An Bahnhöfen muss er bremsen, also Vorsicht und aufgepasst, dass niemand auffährt. Hier gibt es eine kurze Verschnaufpause in Form einer kleinen Erfrischung.

Waggon-Fangen

In einem abgesteckten Feld bewegen sich alle Kinder in ihren Zugwagen durcheinander. Die Lokomotive versucht, ihre Waggons zu fangen, indem sie die anderen Kartons berührt. Ist ein Waggon gefangen, wird er „angekoppelt". Er hängt sich an die Lokomotive dran und hilft beim Fangen mit. Der nächste gefangene Waggon schließt sich wiederum an, bis zum Schluss der Zug komplett ist.
Sehr reizvoll sind Zugspiele, wenn Lokomotive und Waggons auf Rollbrettern unterwegs sind. Für besondere Anlässe leiht sie der Kindergarten oder Ihr Sportverein bestimmt gerne aus.
Die Kinder setzen sich mit ihrem Karton auf das Rollbrett und werden von Ihnen gezogen. Knoten Sie dazu ein Seil in ein Griffloch.

Bei Schmuddelwetter zieht es einen wenig nach draußen. Gerade dann können Kartonspiele dazu beitragen, dass die Kinder auch in der Wohnung ihren Bewegungsdrang ausleben können. Deshalb an dieser Stelle noch einige weitere Spielideen, bei denen Sie und die Kinder mit großen Kartons spielen:

Höhlenkinder

Kartons eignen sich wunderbar als Versteck. Auf Musik laufen alle Kinder um die vorbereiteten Höhlen herum. Stoppt die Musik, verbergen sich alle in den Kartons, sodass

- sie nicht mehr zu sehen sind
- nur eine Hand heraus winkt
- eine Zehe über den Rand wackelt
- nur der Po zu sehen ist.

Käseklau

In einer Speisekammer (Karton) liegen besonders leckere Käse (Bälle). Leider wird die Speisekammer von einer Katze bewacht, die jedoch die Augen verbunden hat. Die Mäuse versuchen nun, sich heranzuschleichen und Käse zu stibitzen, ohne dabei von der Katze gefasst zu werden. Wer sich fangen lässt, wird selbst zur Katze.

Aber nicht nur mit großen Kartons lassen sich Bewegungswelten inszenieren. Jetzt folgen zwei Beispiele dafür, was sich mit Schuhkartons bewegen lässt:

Kartonslalom

Die Kinder ziehen sich Kartons über ihre Schuhe. Schlurfend legen sie auf diese Weise eine Slalomstrecke zurück.

Kartonakrobatik

Jedes Kind setzt sich einen Karton wie einen Hut auf den Kopf. Ohne die Hände zu Hilfe zu nehmen, müssen die Akrobaten dann einen Hindernis-Parcours überwinden. Wer seinen Karton verliert, beginnt von vorne. Schwieriger wird es, wenn die Kartons mit der Öffnung nach oben balanciert werden müssen.

Voll auf der Rolle

Papprollen von Küchen- oder auch Toilettenpapier sind in jedem Haushalt schnell gesammelt. Es macht Kindern viel Spaß, die Rollen bunt anzumalen oder zu bekleben. Gegenstände, die man rollen kann, wecken die Fantasie der Kinder. Sie erproben, was man damit alles machen kann.

Kuller, kuller ...

Die Kinder kullern sich eine Papprolle im Sitzen (Grätschsitz) zu, sie rollen sie stehend rückwärts durch ihre gegrätschten Beine, sie kullern die Rolle so weit und schnell wie möglich und laufen hinterher. Das geht auch im Krabbeln, im Vierfüßler- oder im Spinnengang. Beim Vierfüßlergang ist der Po oben, beim Spinnengang zeigt der Bauch zur Decke.

Fernrohr

Die Kinder legen sich so auf den Boden, dass sie sich durch die Papprolle hindurch anschauen können.

Über Tische und Bänke

Die kleinen Mitspieler balancieren eine Papprolle stehend auf der flachen Hand. Dabei steigen sie über ein auf dem Boden liegendes Seil, einen Stuhl oder sogar den Tisch. Wer schafft es, dabei zusätzlich einen Tennisball auf der Rolle zu balancieren?

Zauberer

Die Kinder malen eine Papprolle als Zauberstab an und schmücken sie mit Kreppbändern. Wen der Zauberer anschließend damit berührt, der gefriert zu Eis und kann nur durch freie Mitspieler erlöst werden.

Kegeln

Zunächst versuchen die Kinder, die wie Kegel aufgestellten Papprollen mit einem Ball umzuwerfen. Erschweren können Sie das Spiel, indem Sie die Rollen vorher verschieden anmalen. Dann nämlich gilt es, nur Rollen einer bestimmten Farbe zu treffen.

Papprollentanz

Lustig ist der Papprollentanz. Jeweils paarweise klemmen sich die Mitspieler eine Papprolle zwischen zwei Körperteile und bewegen sich dabei zur Musik.

Werfen und Fangen

Eine kindgerechte Vorstufe zu Jonglier- und Akrobatikübungen sind folgende Anregungen:

- Papprolle mit einer Hand hochwerfen und mit derselben Hand wieder fangen.
- Sich paarweise eine Papprolle zuwerfen. Das geht auch mit zwei Papprollen gleichzeitig.
- Papprolle von einer Hand in die andere werfen.
- Papprolle im Sitzen zwischen die Füße klemmen und mit den Füßen in die Hände werfen.
- Softball hochwerfen und mit der Öffnung der Papprolle wieder auffangen.
- Zwei lange Papprollen dienen als Stäbe, die zwischen sich einen Ball balancieren. Dabei die Rollen eng parallel nebeneinander halten. Den Ball hochwerfen und wieder fangen oder auch durch einen Hindernisparcours balancieren.

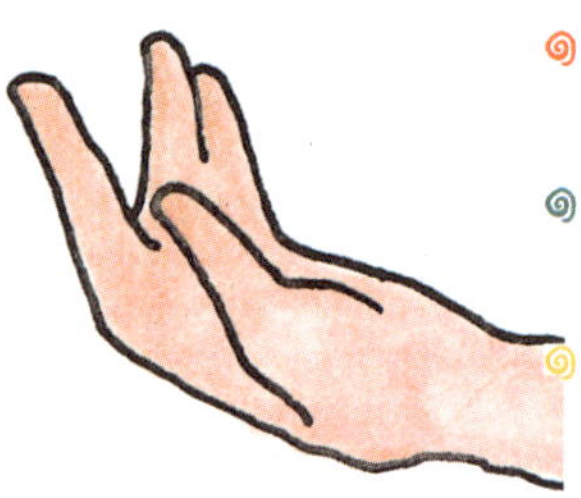

Zielscheibe

Mit unifarben bemalten Papprollen unterschiedlicher Dicke basteln Sie gemeinsam mit den Kindern eine Art Zielscheibe. Dabei kleben Sie die Papprollen auf einen Karton. Der Durchmesser der Rollen bestimmt die Punktzahl. Jeder Mitspieler versucht nun, Tischtennisbälle so zu werfen, dass diese möglichst in dünneren Rollen mit entsprechend höherer Punktzahl landen. Die Zielscheibe legen Sie dazu auf den Boden oder den Tisch. Sie können die Scheibe auch an die Wand hängen, was das Spiel natürlich viel schwieriger macht.

Luftballontennis

Die Kinder spielen sich gegenseitig Luftballons mit einer Papprolle zu. Ein zwischen zwei Stühlen gespanntes Seil dient als Tennisnetz.

Hockey

Lange Papprollen eignen sich wunderbar als Hockeyschläger. Mit einem kleinen Softball können Sie auf diese Weise ein aufregendes Hockeyspiel veranstalten.

Mit Zeitungen „auf Trab sein"

Vor dem nächsten Gang zum Papiercontainer sollten Sie einen Moment innehalten. Die gelesenen Zeitungen können Sie noch verwenden – für Bewegungsspiele mit Ihren Sprösslingen.

Laufspiele im Freien und im Haus

- Ihr Nachwuchs läuft mit einem Zeitungsbogen vor dem Bauch so schnell, dass er haften bleibt, ohne ihn mit den Händen festzuhalten. Leicht nach hinten beugen, dann wird's einfacher!
- Verteilen Sie Zeitungsbögen auf dem Boden. Zu Musik laufen alle um die Zeitungen herum. Stoppt die Musik, gilt es für die Kinder, sich möglichst schnell
  - in Bauchlage auf die Zeitung zu legen,
  - mit dem Rücken auf die Zeitung zu legen,
  - mit einem Bein auf die Zeitung zu stellen,
  - auf die Zeitung zu setzen.
- Bei jedem Musikstopp falten die Kinder die Zeitungen um die Hälfte kleiner und nehmen eine Zeitung ganz aus dem Spiel. Derjenige, der beim Stopp keine freie Zeitung mehr findet, muss sich bei einem Mitspieler auf dessen Zeitung stellen. Zum Schluss müssen alle auf einer kleinen Zeitung Platz finden.

Zeitungspiraten

Bewegt euch mit einem Fuß auf der Zeitung fort. Gleichzeitig versucht ihr mit dem anderen Fuß, auf die Zeitung eines Mitspielers zu treten und dabei dessen Zeitung zu zerreißen. Die eigene Zeitung müsst ihr dabei natürlich gut schützen.

Abwerfen

Die Kinder knüllen Zeitungspapier möglichst fest zu Bällen zusammen. Anschließend dürfen sie „die Großen" nach Herzenslust damit bewerfen. Oder aber sie versuchen, sich gegenseitig abzuwerfen, ohne dabei selbst getroffen zu werden.

Fangspiele mit Jogurtbechern

Fangball

Rollen Sie einen Tischtennisball über den Boden. Die Kinder jagen hinterher und stülpen möglichst schnell einen Jogurtbecher über den Ball. Aus dem Jogurtbecher werfen die Kinder einen Tischtennisball hoch und versuchen, ihn mit dem Becher wieder aufzufangen. Oder sie spielen sich den Ball partnerweise aus den Behältern zu.

Fünferball

Bildet zwei Teams mit jeweils mindestens zwei Mitspielern. Welche Mannschaft schafft es, sich einen Tischtennisball fünfmal hintereinander mit einem Jogurtbecher zuzuwerfen und darin aufzufangen? Der Ball darf den Boden dabei nicht berühren oder von der anderen Mannschaft gefangen werden.

Tröpfchen für Tröpfchen

Dieses Spiel entschädigt euch ein klein wenig für trübe Tage, an denen es gar nicht mehr aufhören will zu regnen. Alle Mitspieler – auch die regenscheuen – gehen mit entsprechender Kleidung und jeweils einem Jogurtbecher hinaus ins Nasse. Für dieses Spiel kommt der Regen gerade recht. Mit einem wasserfesten Stift zieht ihr an jedem Jogurtbecher auf gleicher Höhe eine Linie. Kreuz und quer durch den Regen laufend, versucht ihr nun, möglichst viele Regentropfen aufzufangen.
Wer hat als Erster seinen Becher bis zur Linie gefüllt?

Ein Dach über dem Kopf

Regenschirm

Halten Sie eine Decke wie einen Regenschirm gespannt. Auf den Zuruf „Es regnet!" retten sich alle Kinder geschwind unter die Decke.

Ballschleuder

Halten Sie eine Decke über den Köpfen der Kinder gespannt. Die Kinder sollen einen Wasserball, Softball oder vielleicht auch ein kleines Schmusetier, das auf der Decke liegt, hochboxen.

Rollball

Fasst zusammen die Enden einer Decke an und spannt sie. Einen auf der Decke liegenden Ball rollt ihr nun vorsichtig im oder gegen den Uhrzeigersinn am Rand der Decke entlang. Ihr werdet feststellen, dass ihr ein bisschen üben müsst, bis der Ball sicher über die Decke wandert.

Windmaschine

Ein Kind legt sich unter die Decke und schließt die Augen. Indem die anderen Kinder die Decke auf und ab bewegen, entfachen sie Wind in verschiedenen Stärken.

Spiele aus dem Kinderzimmer

Bewegungs-Memory

Das Memory-Kartenspiel kennt fast jeder. Zum Bewegungs-Memory wird es, wenn Sie die Karten verdeckt in der ganzen Wohnung verteilen. Alle Kinder laufen gleichzeitig los und versuchen, so viele Bildpaare wie möglich zu ergattern und zu sammeln.

Bilderlotto

Jeder Mitspieler bekommt eine Tafel. Wie beim richtigen Bilderlotto werden alle Karten zugedeckt ausgebreitet. Nur, dass diesmal der Boden der ganzen Wohnung die Spielfläche ist. Bevor ein Mitspieler eine Tafel umdrehen darf, muss er eine lustige Bewegungsaufgabe erfüllen – sich dreimal um sich selbst drehen oder einige Sekunden wie ein Flamingo auf einem Bein stehen.

Um die Memory und Lotto-Varianten zu erschweren und somit auch für ältere Kinder attraktiv zu machen, können die Kinder unterschiedliche Fortbewegungsarten wählen: Spinnen- oder Vierfüßlergang, Froschhüpfen oder stelzen wie ein Storch.

Kreisel oder Spieluhr

Solange sich ein Kreisel dreht oder eine Melodie aus einer Spieluhr ertönt, versuchen alle kleinen Akteure, sich möglichst häufig wie folgt zu bewegen:

- Treppe rauf und runter laufen,
- aus der Hocke hochspringen,
- Hampelmänner,
- Liegestütze.

Taschentücher – nicht nur für die Nase

Für Spiele mit Taschentüchern ist natürlich „Opas Riesentaschentuch" genau das richtige. Aber auch Papiertaschentücher und kleinere Halstücher erfüllen bei den folgenden Bewegungsanimationen ihren Zweck.

- Die Kinder gehen oder laufen mit dem Tuch und winken dabei heftig.
- Jedes Kind wirft sein Tuch so hoch wie möglich und fängt es wieder auf.
- Die Kinder fangen das Tuch mit verschiedenen Körperteilen auf (Knie, Schulter, Fuß und Kopf).
- Mit dem Tuch zwischen den Zehen winken sich die Kinder zu.
- Die Kinder klemmen das Tuch zwischen ihre Zehen und versuchen, es hochzuwerfen.

An dieser Stelle noch eine Übung für angehende Akrobaten: Du liegst auf dem Boden und klemmst dir ein Tuch zwischen die Füße. Dann streckst du sie zur Decke. In dieser Position lässt du das Tuch in deine Hände fallen, nimmst es mit deinen Füßen wieder auf und legst es hinter deinem Kopf sowie zuletzt neben der rechten und linken Schulter ab. Wer die Übung beherrscht, kann sie zu einer eigenen Akrobatik-Nummer ausbauen. Mehr Zirkus findest du im Kapitel „Manege frei!".
Auch aus Tüchern können sehr schnell Bälle werden. Wickel dazu Papier oder Watte in ein Tuch ein und binde es mit einem Faden fest zu. Mit einem kleinen Glöckchen versehen, sieht so ein Ball nicht nur schön aus, sondern hat auch seinen eigenen Klang. Damit zu spielen ist lustig, weil er sich im Flug anders verhält als ein echter Ball.

Kissenspiele statt Kissenschlachten

Zum Aufwärmen

Die Kinder werfen Kissen hoch und lassen sie gezielt auf Kopf, Fuß und Rücken landen. Oder sie verstecken Kissen unter ihrem Pullover. Welcher „Dicky" kann mit seinem Bauch einen Purzelbaum machen oder gar seilspringen?

Kuhfladenhüpfen

Verteilen Sie Kissen (Kuhfladen) in der ganzen Wohnung auf dem Boden. Zur Musik laufen die Kinder um die Kissen herum

- vorwärts,
- rückwärts,
- springen mit beiden Beinen
- oder auf einem Bein.

Wer dabei ein Kissen berührt, ruft laut „Igittigitt!"

Formenspiel

Ein Kind geht aus dem Raum. Mit vielen Kissen legen Sie oder andere Kinder einfache Formen auf den Fußboden: einen Kreis, ein Quadrat oder auch einfache Zahlen und Buchstaben. Das Kind versucht nun mit geschlossenen Augen und barfuß, die jeweilige Form zu ertasten.

Wäscheklammernklau

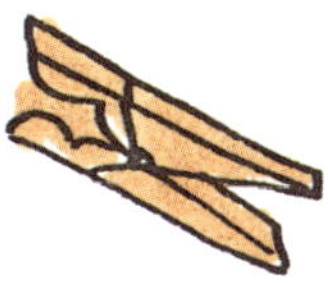

Jedes Kind bekommt zehn Wäscheklammern, die es an seiner Kleidung feststeckt. Nun versuchen alle Spieler, die Wäscheklammern der anderen zu erbeuten, ohne selbst welche einzubüßen. Die eroberten Wäscheklammern müssen sie nämlich an ihrer eigenen Kleidung befestigen, damit sie von den anderen zurückgeholt werden können.

Zauberstrahl der Taschenlampe

Alle Mitspieler bewegen sich in einem abgedunkelten Raum. Ein Kind hat eine Taschenlampe, mit der es die anderen verzaubern kann. Trifft es mit dem Strahl der Taschenlampe einen Mitspieler, so erstarrt dieser, bis er von den anderen durch Berühren erlöst wird.

Bierdeckel ohne Bier

Inselhüpfen

Verteilen Sie Bierdeckel so auf dem Fußboden, dass auch der kleinste Mitspieler von Deckel zu Deckel springen kann. Ein Fänger versucht nun, möglichst viele Mitspieler abzuschlagen, die jedoch von den „Freien" erlöst werden können. Ist der Fänger zu schnell, statten Sie ihn mit einem Handicap – zum Beispiel einem Küchensieb auf dem Kopf – aus.

Der Fußboden sollte für dieses Spiel nicht zu rutschig sein: Verletzungsgefahr!

Mit allen Sinnen

Spiele zur Förderung der sinnlichen Wahrnehmung

Kleine Kinder erfassen die Welt mit allen Sinnen. Einen unbekannten Gegenstand lernen sie kennen, indem sie ihn intensiv betasten, daran riechen, ihn sogar in den Mund nehmen. Den einzelnen Sinnesorganen entsprechen verschiedene Wahrnehmungssysteme. Wir können einen Gegenstand zum Beispiel mit den Augen, also optisch, wahrnehmen. Wir können ihn auch befühlen, also über das Sinnesorgan Haut wahrnehmen. Das Zusammenspiel der verschiedenen Sinnesorgane ist auch von großer Bedeutung, um sich zu bewegen.

Die folgenden Spielideen dienen zur Förderung der unterschiedlichen Wahrnehmungssyteme.

Sehen

Jeder Topf hat seinen Deckel

Auf einem Tisch stehen verschiedene Behälter wie Jogurtbecher, Marmeladengläser, Schachteln, Dosen, Flaschen. Daneben liegen unsortiert die dazugehörigen Deckel. Die Kinder sollen jeden Behälter mit dem richtigen Deckel verschließen.
Für ältere Kinder wird die Aufgabe erschwert: Auf dem Tisch liegen zwei Deckel mehr als es Behälter gibt. Die Kinder sollten herausfinden, welche Deckel keinen dazugehörigen Behälter haben – und zwar ohne die Deckel aufzusetzen.

Obstsuche

Legen Sie sechs verschiedene Früchte (Banane, Apfel, Birne, Weintraube, Zitrone und Apfelsine) auf eine Decke. Die Kinder sollen sich alle Früchte genau anschauen. Während sich die Kinder umdrehen, verstecken Sie eine Frucht hinter Ihrem Rücken. Die Kinder sollen raten, welche fehlt. Je nach Alter der Kinder können Sie die Anzahl vergrößern oder verkleinern. Anstelle von Obst können Sie auch Gemüse, Spielsachen oder Spielsteine in verschiedenen Farben einsetzen.

Schätze sammeln

Jeder Mitspieler bekommt einen Behälter in einer bestimmten Farbe (blauen Teller, rote Schüssel, gelbe Dose). In diesen Behälter darf er nun aus der ganzen Wohnung „Schätze" zusammensuchen, die die gleiche Farbe haben wie sein Behälter. Als Zeitbegrenzung kann die Dauer eines kurzen Liedes oder das langsame Zählen bis 10 verabredet werden.

Was ist hier am größten?

Legen Sie Spielmaterialien von unterschiedlicher Größe, zum Beispiel Bälle vom Tischtennisball bis zum Wasserball aus. Die Kinder sollen nun die Bälle in der Reihenfolge ihrer Größe hintereinander legen.

Formen nachlegen

Mit Straßenkreide malen Sie eine Form (Dreieck, Quadrat oder Kreis) auf den Boden. Die Kinder versuchen, die Form mit einem Springseil nachzulegen. Dabei können sie das Seil zuerst auf Ihre Kreidezeichnung legen. Vielleicht gelingt es auch, die Form frei nachzulegen.

Hören

Auf leisen Sohlen

Laufen Sie mit Ihren Kindern im Kreis durch den Raum. Sie sind vielleicht Indianer auf dem Kriegspfad, die sich leise anschleichen müssen. Auf jeden Fall besteht die Aufgabe darin, sehr leise zu gehen und vor allem nicht zu reden oder zu lachen. Wer als Erster das Schweigen bricht, muss ein Pfand abgeben.

Geräusche erkennen

Zeigen Sie den Kindern verschiedene Gegenstände wie einen Stein, einen Schlüssel, eine Wäscheklammer, einen Ball, einen Holzlöffel. Dann dreht sich ein Kind um und schließt die Augen, um sich besser auf die Geräusche konzentrieren zu können. Lassen Sie nun einen Gegenstand nach dem anderen auf eine harte, glatte Unterlage (ein Tablett) fallen. Das Kind soll erraten, um welchen Gegenstand es sich handelt. Passen Sie das Spiel den Fähigkeiten der Kinder an. Für jüngere Kinder sollten Sie höchstens drei oder vier deutlich unterscheidbare Gegenstände auswählen.

Auto fahren

Alle Mitspieler fahren als Autos durch den Raum. Ein Spielleiter regelt als Polizist den Verkehr. Einmal in die Hände klatschen bedeutet, dass alle Autos anhalten müssen. Zweimal klatschen heißt: Rückwärtsgang einlegen und rückwärts fahren. Dreimal klatschen bedeutet: vorwärts und ganz normal weiterfahren.

Richtungen „hören"

In der Zimmermitte steht ein Kind mit geschlossenen, eventuell auch verbundenen Augen. Die anderen Mitspieler bewegen sich leise durch den Raum. Einer nach dem anderen bleibt stehen und macht ein Geräusch (klatschen, pfeifen, einen Ton singen, schnipsen, klopfen). Das Kind in der Mitte deutet in die Richtung, aus der das Geräusch kam.

Tasten

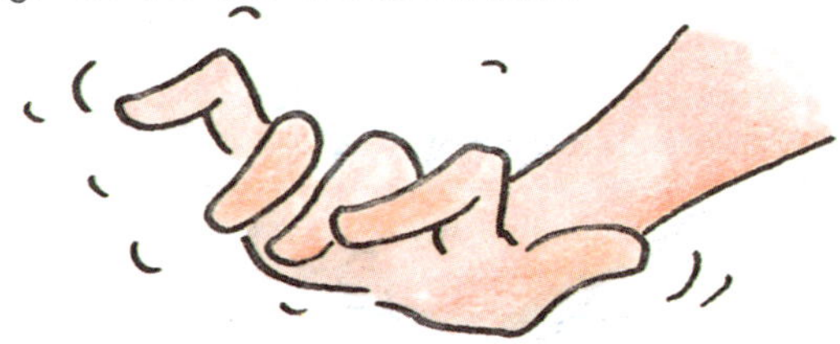

Rückenmalen

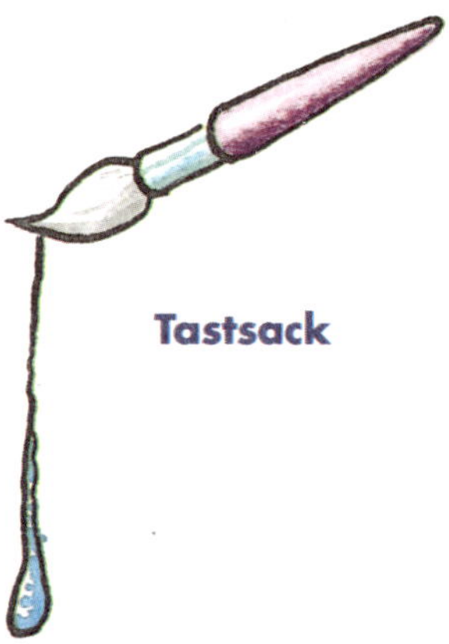

Für das Rückenmalen finden sich immer zwei Familienmitglieder zusammen und setzen sich hintereinander auf den Boden. Wer hinten sitzt, „malt" seinem Mitspieler mit dem Finger Buchstaben, einfache Figuren oder Gegenstände auf den Rücken. Der Vordermann schließt dabei zur besseren Konzentration die Augen und versucht, das Rückengemälde zu erraten.

Tastsack

In einen Leinenbeutel werden verschiedene Gegenstände je zweimal gelegt: 2 Schlüssel, 2 Löffel, 2 Kämme, 2 Tischtennisbälle, 2 Wäscheklammern, 2 Bauklötze. Nacheinander dürfen die Kinder in den Sack greifen und versuchen, je ein Gegenstandspaar herauszufischen. Dabei darf natürlich nicht in den Sack geschaut werden.

Blindenhund

Zwei Familienmitglieder spielen zusammen. Ein Mitspieler schließt die Augen. Er ist „blind". Der zweite Mitspieler ist sein Blindenhund und führt ihn durch den Raum. Dafür berühren sich beide mit den flachen Händen – aber ohne sich festzuhalten. Der „Blindenhund" bewegt sich langsam rückwärts und im Kreis. Der „blinde" Mitspieler versucht, die Berührung nicht abreißen zu lassen und dem „Blindenhund" zu folgen.

Roboter

Ein Kind ist der „Roboter". Es schließt die Augen und wird von einem anderen Kind oder einem Elternteil durch verschiedene Tastsignale gesteuert. „Auf die linke Schulter tippen" bedeutet zum Beispiel, dass sich der Roboter nach links drehen soll. „Zweimal auf den Rücken klopfen" bedeutet: rennen. „Einmal auf den Rücken klopfen" heißt: anhalten. „Über den Arm streichen" bedeutet: Arm heben. Nicht jedes Kind kann oder will sofort beim Spiel die Augen schließen. Überlassen Sie Ihrem Kind die Entscheidung, ob es die Augen offen oder geschlossen halten möchte.
Vorsicht: Wegen der Verletzungsgefahr sollte nicht gerannt werden

Anziehen

Die Kleidungsstücke des Kindes liegen auf dem Boden. Mit verbundenen Augen soll es Socken, Unterwäsche, Pulli, Hose ertasten und richtig anziehen.

Riechen und Schmecken

Wer hat den besten Riecher?

In kleine Schüsseln werden jeweils verschiedene Dinge gegeben: Apfelsinenstückchen, Bananenscheiben, Essig, Zwiebelstücke, Seife, Wurst. Zunächst dürfen sich alle Mitspieler die Dinge in den Schüsseln anschauen. Dann bekommen sie nacheinander die Augen verbunden und sollen durch Riechen erraten, welche Schüssel ihnen gerade unter die Nase gehalten wird.

Wie schmeckt denn das?

Mit geschlossenen Augen probieren die Kinder ein Zuckerstück, eine saure Gurke, ein Stück Salzbrezel und ein Stückchen Pampelmuse. Je nach Alter sollen sie versuchen, die Geschmacksrichtungen zu benennen. Kleinere Kinder können einfach in Ruhe empfinden, was „süß" heißt, was „sauer" ist und so weiter.

Raubtierfütterung

Auf dem Tisch liegen verschiedene vorbereitete Lebensmittel wie Obststückchen, Gemüsestückchen, Vollkornbrot, Toast, Zwieback, Käse, Wurst. Einem Kind werden die Augen verbunden. Es wird jetzt mit den verschiedenen Lebensmitteln „gefüttert" und soll versuchen, sie zu benennen. Dann sind die anderen Kinder das Raubtier.

Gleichgewichtssinn

Seiltanz

Balancieren Sie mit den Kindern im Wald über liegende Baumstämme. Lassen Sie Ihre Kinder auf niedrigen Mauern und Begrenzungssteinen im Park laufen und das Gleichgewicht halten. Als Höhepunkt legen Sie ein Seil im Zimmer aus und erklären es zum „Hochseil", über das ein Kind nach dem anderen mit einem Regenschirm in der Hand graziös „tanzen" soll.

Wackelbrücke

Auf manchen Spielplätzen und in Parks gibt es sogenannte Wackelbrücken, über die Sie mit den Kindern je nach Alter gehen, hüpfen, rückwärts gehen oder rennen können. Auch zu Hause kann man das Gehen auf unsicherem Grund üben. Lassen Sie die Kinder barfuß über eine am Boden liegende Matratze laufen, legen Sie zur Verstärkung des Effektes Tennisbälle unter die Matratze oder häufen Sie Kissen darauf.

Feenzauber

Die Kinder laufen, hüpfen oder tanzen durch das Zimmer. Auf ein deutliches Zeichen der Zauberfee hin (Trommelschlag, Pfiff) bleiben sie wie erstarrt mitten in der Bewegung stehen und versuchen, nicht zu wackeln. Das ist gar nicht einfach, wenn man vielleicht auf einem Bein und mit erhobenen Händen „festgezaubert" wurde.

Bewegungsempfindung

Durch die Bewegungsempfindung nimmt der Mensch Muskelspannungen, Gelenkstellungen, Körperpositionen, Körperveränderungen und die Ausdehnung und Grenzen seines Körpers wahr.
Man kann deshalb auch von „Eigenwahrnehmung" sprechen.
Nur durch die Eigenwahrnehmung ist es möglich, bei geschlossenen Augen mit dem Finger die eigene Nase zu treffen oder mit dem Löffel den Mund zu finden.

Marionette

Ein Kind ist die Marionette, ein Elternteil ist der Spieler. Die Marionette steht erst gespannt auf den Zehenspitzen, die Arme sind erhoben. Der Marionettenspieler deutet das durch seine Armbewegungen über der Marionette an. Dann verliert die Marionette nach und nach ihre Spannung, der Spieler legt die Fäden aus der Hand. Dafür lässt die Marionette ihre Arme schlaff herunterhängen, dann baumelt der Kopf locker nach vorne, schließlich knicken die Beine ein, der Rücken verliert seine Spannung, die Marionette kommt zum Liegen.

Rücken an Rücken

Zwei annähernd gleich große Kinder setzen sich Rücken an Rücken auf den Boden. Wenn sie beide gleichzeitig ihre Rücken fest gegeneinander drücken, können sie aufstehen, ohne die Hände zu Hilfe zu nehmen. Natürlich kann man sich auf diese Weise auch wieder hinsetzen. Etwas einfacher wird das Spiel, wenn sich die Kinder einhaken.

Schaufensterpuppen

Ein Kind ist die Schaufensterpuppe, ein Elternteil oder ein anderes Kind ist der Dekorateur. Er darf die Puppe in eine beliebige Haltung biegen. Sie soll vielleicht Tenniskleidung vorführen und dafür den Arm zum eleganten Schwung ausholen und entsprechend locker in die Knie gehen. Die „Puppe" muss versuchen, alle Bewegungen mit sich geschehen zu lassen, ohne mit Muskelspannung dagegen zu wirken. Erst wenn der Dekorateur zufrieden ist, soll die „Puppe" die Spannung halten und so verharren.

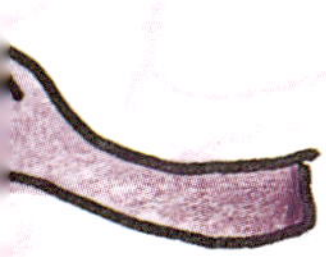

Wir gehen auf die Löwenjagd

Bewegungsgeschichten für Kinder

Jüngere Kinder machen Erfahrungen noch hauptsächlich mit dem Körper. Sie müssen die Dinge ihrer Umwelt im wörtlichen Sinne „be-greifen", das heißt durch körperlich-sinnliche Erfahrung verstehen. Wenn Sie eine Geschichte mit Bewegungselementen verknüpfen, erfüllt das zwei wichtige Ziele. Die Geschichte fordert das Kind zum einen auf ganz besondere Weise zum Nachspielen und damit zum Bewegen auf. Andererseits hilft die Bewegung den Kindern, die Geschichte besser zu verstehen.

Geschichten mit Bewegungselementen sind außerdem offen für eine gemeinsame Weiterentwicklung und lassen Ihnen und Ihren Kindern ausreichend Spielraum für die Fantasie. Bitte beachten Sie dabei, dass Kinder unter drei Jahren noch nicht dazu in der Lage sind, frei und allein aus ihrer Fantasie heraus Szenen in Bewegung umzusetzen. Bei kleineren Kindern ist es daher wichtig, die Bewegungen vor- und mitzumachen.

Es gibt schließlich auch spezielle Bewegungsgeschichten, die mit dem Ziel entwickelt wurden, Kinder zum Mitmachen und Bewegen zu animieren.

Geschichten pantomimisch begleiten

Sicher kennen Sie eine kürzere Geschichte, die Ihr Kind ganz besonders liebt. Es gibt verschiedene Möglichkeiten, daraus eine Erzählung mit Bewegungselementen zu machen. Sie können die Handlungen der Figuren zum Beispiel pantomimisch begleiten, wenn Sie erzählen oder vorlesen. Nach einigen Wiederholungen der Geschichte wird sich Ihr Kind schon auf jede einzelne Bewegung freuen und bald auch selbst mitmachen.

Beispiel:

Vielleicht kennen Sie die Geschichte vom dicken Pfannkuchen, der den drei alten Schwestern aus der Pfanne sprang, die Straße herunter und zum Stadttor hinaus rollte. Auf seinem Weg begegneten ihm zum Beispiel ein Knecht und verschiedene Tiere, die ihn aufhalten und essen wollten. Doch allen entkam er und rollte immer weiter, bis er schließlich drei arme Kinder fand, für die er sich aufgespart hatte. Die konnten sich an ihm endlich einmal wieder richtig satt essen.
Mit den Armen können Sie wunderbar darstellen, wie der Pfannkuchen beim Backen wächst und wächst und immer dicker und runder wird. Jetzt wird er gewendet, fliegt durch die Luft und wird wieder in der Pfanne aufgefangen. Die Schwestern in der Geschichte verfolgen mit ihren Köpfen den fliegenden Pfannkuchen, der noch einen Salto macht, bevor er wieder in der Pfanne landet. Wenn der Pfannkuchen dann schließlich aus der Pfanne springt und die Straße herunter rollt, kommen Sie als Geschichtenerzähler wieder zum Einsatz. Sie drehen Ihre Hände immer schneller umeinander, als ob Sie ein Wollknäuel aufwickeln wollten. Damit deuten Sie an, wie der Pfannkuchen durch die Stadt rollt, bis der Knecht ihn anhalten will. Der Knecht steckt seine Nase in die Luft und schnuppert den köstlichen Duft des Pfannkuchens. Er streckt seine Arme aus und will ihn fassen, doch der Pfannkuchen entwindet sich und rollt davon, so schnell er kann, um gleich wieder ein neues Abenteuer zu bestehen.

Rollenspiele

Eine andere Möglichkeit, eine Geschichte in Bewegung umzusetzen, ist das Rollenspiel. Die Kinder sollten dafür allerdings mindestens im Vorschulalter sein.

Denken Sie sich eine Geschichte aus – Anregungen finden Sie auf den folgenden Seiten. Oder Sie erzählen einfach eine bekannte Geschichte.

Nach wichtigen Handlungsabschnitten wird die Geschichte unterbrochen. Eltern und Kinder übernehmen unterschiedliche Rollen und spielen das Geschehen nach. Dabei ist schöpferische Freiheit erlaubt. Es geht nicht darum, die Geschichte ganz genau und wortgetreu zu wiederholen. Vielmehr dürfen die Kinder im Rollenspiel ihre Gefühle und ihr Verständnis für die Szene ausdrücken. Klar, dass eine Märchenhexe dann auch mal fürchterlich grimmig brüllt oder von Hänsel und Gretel durch die ganze Wohnung gejagt wird, selbst wenn die Brüder Grimm davon nichts geschrieben haben. Auf diese Weise erleben Sie, wie Ihre Kinder die Geschichte empfinden. Andererseits können Kinder Ängste und Spannungen abbauen, die durch die jeweilige Geschichte eventuell erzeugt wurden.

Bewegungsgeschichten selbst gemacht

Unser Hund

Kleine Geschichten rund um einen Gegenstand sind schnell erfunden. Ein Ball, der auf der Wiese liegt, verwandelt sich wie von selbst in einen kleinen Hund.

„Schau mal, wir hatten früher einen kleinen Hund. Der war ganz verspielt, und als wir ihn bekamen, lief er noch ganz wackelig auf seinen tapsigen Beinen."

Der Ball rollt ganz langsam über die Wiese. Eltern und Kinder laufen hinterher, um ihn einzufangen. Nach einigen Wiederholungen geht es weiter:

„Der kleine Hund wuchs schnell heran. Bald schon rannte er viel schneller als wir!"

Der Ball wird jetzt kräftiger und weiter weg gerollt – und von Eltern und Kindern wieder eingeholt.

„Wir mussten ganz schön aufpassen, dass er uns nicht weglief!"

Der Ball wird hinter einen Baum oder einen Busch gerollt und muss erst gesucht werden.

„Beim Spaziergang sprang er immer zwischen uns hin und her."

Eltern und Kinder rollen oder werfen sich den Ball zu.

„Am liebsten rannte er durch unsere Beine."

Die Eltern grätschen die Beine, die Kinder kullern den Ball hindurch und kriechen hinterher.

„Unser Hund sprang auch manchmal zum Kuscheln in unsere Arme."

Damit sich der Hund nicht weh tut, müssen Eltern und Kinder das Auffangen des Balls üben.

Der schönste Spielplatz der Welt

Wenn das Wetter schlecht ist und der geplante Ausflug zum Spielplatz ausfallen muss, können Sie sich den Spielplatz ins Kinderzimmer holen. Dazu brauchen Sie nichts weiter als ein Springseil – und Fantasie. Wenn Sie selbst mit Freude dabei sind, begeistern Sie Ihre Kinder sicher schnell zum Mitmachen.

„Kommt mit, wir fahren mit unserer Märchenkutsche zum schönsten Spielplatz der ganzen Welt!"

Ein Elternteil wird mit dem Seil als „Pferd" vor die „Kutsche" gespannt. Die Kinder halten dazu die Enden des Seils, das dem Erwachsenen um den Bauch gebunden wurde. Los geht´s durch die ganze Wohnung im Galopp!

„Brr, anhalten, wir sind da! Seht ihr die tollen Spielgeräte? Da vorne ist ein Karussell, das müssen wir gleich ausprobieren!"

Ein Elternteil nimmt die beiden Enden des Seils in die Hände, alle anderen Familienmitglieder halten sich mit beiden Händen am Seil fest. Jetzt beginnt sich das Karussell zu drehen. Dabei bleibt das Seil gespannt. Und immer schneller geht die Fahrt!

„Eine Wippe gibt es auch auf dem Spielplatz."

Zwei Familienmitglieder sitzen sich mit gegrätschten Beinen gegenüber. Einer hält die beiden Enden des Seils in der Hand, der andere die Seilmitte. Das Seil bleibt immer gespannt. Ein Partner beugt sich zum Wippen nach vorne, der andere beugt sich nach hinten und dann umgekehrt.

„Sogar Baumstämme zum Balancieren liegen dort."

Das Seil wird auf den Boden gelegt. Wer kann über den „Baumstamm" balancieren? Wer kann vorwärts, rückwärts, auf einem Bein oder seitlich darüber springen?

„Weiter hinten ist noch ein Planschbecken!
Da stecken wir mal vorsichtig die Zehen hinein."

Das Seil wird zu einem Kreis auf den Boden gelegt und stellt das Planschbecken dar.

Entdecken Sie noch mehr Spielgeräte? Vielleicht verwandelt sich der Couchtisch in einen Kriechtunnel und die Stehleiter in ein Klettergerüst!

Löwenjagd

Die „Löwenjagd" ist eine bekannte Bewegungsgeschichte, die in Kindergärten oder auf Kinderfesten immer wieder begeistert aufgenommen wird. Der deutliche Rhythmus der Sprache lässt sich besonders gut in Bewegung umsetzen und die Einteilung in Strophen mit Refrain trägt dazu bei, dass sich die Löwenjagd gut einprägt. Es gibt die „Jäger" und einen Sprecher. Je nach Anzahl der Jäger stellen sich für die Löwenjagd alle dem Sprecher gegenüber oder bilden einen Kreis.

Wir gehen auf die Löwenjagd.
Wer geht mit? Ich habe keine Angst!
Wir kommen zu einem großen Wald.
Wir können nicht oben drüber.
Wir können nicht unten durch.
Wir können nicht drum herum.
Wir müssen mitten durch.
… säg… säg…. säg …..
geschafft!

Sprechen Sie den Text betont rhythmisch.

Begleiten Sie den Text pantomimisch. Mit Ihren Armen deuten Sie die Richtung an. Ihre Bewegungen sehen dann etwa so aus, als wollten Sie trockenschwimmen.

Wir gehen auf die Löwenjagd.
Wer geht mit? Ich habe keine Angst!
Wir kommen zu einem hohen Berg.
Wir können nicht oben drüber.
Wir können nicht unten durch.
Wir können nicht drum herum.
Wir müssen mitten durch.
… buddel… buddel…. buddel…
geschafft!

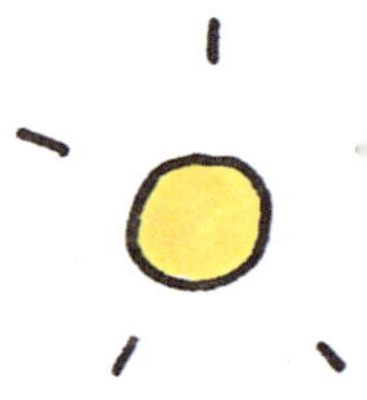

Wir gehen auf die Löwenjagd.
Wer geht mit? Ich habe keine Angst.
Wir kommen zu einem großen See.
Wir können nicht oben drüber,
(…)
… schwimm… schwimm… schwimm…
geschafft!

Wir gehen auf die Löwenjagd.
Wer geht mit? Ich habe keine Angst.
Wir kommen zu einem großen Sumpf.
Wir können nicht oben drüber,
(…)
… patsch… patsch… patsch…
geschafft!

Auf der Flucht vor dem Löwen müssen natürlich alle Hindernisse noch einmal mit den entsprechenden Bewegungen und in der richtigen Reihenfolge durchquert werden.

Wir gehen auf die Löwenjagd.
Wer geht mit? Ich habe keine Angst.
Da vorne ist eine Höhle.
Mal sehen, was darin ist!
Es ist ganz dunkel.
Ich fühle ein weiches Fell, einen
buschigen Schwanz, vier Beine …
Der Löwe! Oh Schreck! Nichts wie weg!
Ich drehe mich um und laufe schnell zurück!
… patsch… patsch… patsch…
… schwimm… schwimm… schwimm…
… buddel… buddel… buddel…
… säg… säg… säg…
geschafft!

Besuch der alten Ritterburg

Erzählen Sie gerne Geschichten? Dann versuchen Sie doch mal, nach dem Vorbild der „Löwenjagd" ein paar Bewegungselemente einzubauen:

„Neulich war ich beim Grafen Wolkenbruch auf Burg Gruselstein eingeladen. Stellt euch vor, in seiner Burg spukt es! Der Graf bat mich, mit ihm auf Gespensterjagd zu gehen. Na, was ist, kommt ihr mit? Prima, ich wusste doch, dass ihr mich nicht im Stich lasst. Gehen wir also erst einmal den Burgberg hinauf."

Erzähler und Kinder steigen pantomimisch einen steilen Berg hinauf, halten mit der Hand über den Augen Ausschau nach der alten Burg und klopfen schließlich ans Tor.

„Merkwürdig, Graf Wolkenbruch scheint uns nicht zu hören. Wir müssen lauter klopfen!"

Erzähler und Kinder klopfen an eine unsichtbare Tür. Der Burgherr erscheint und bittet die Gespenstersucher herein.

Jetzt geht die Suche los. Die Handlung wird pantomimisch begleitet, alle Bewegungen ganz deutlich und leicht übertrieben ausgeführt:

„Wir öffnen die Tür zum Turm: Quiiietsch!
Jetzt schauen wir vorsichtig durch den Spalt. Die Luft ist rein. Wir öffnen die Tür ganz und schlüpfen hindurch. Hinter uns fällt die Tür ins Schloss: Peng! Nun stehen wir in einem langen Gang. Ganz vorsichtig und auf Zehenspitzen schleichen wir voran. Dann kommt die Treppe zum Turm. Tapp, tapp, tapp, wir steigen hoch. Oben ist wieder eine Tür. Wir drücken sie vorsichtig auf: Knarr! Jetzt stehen wir im Turmzimmer. An der Wand ist eine Truhe. Wir öffnen den Deckel und fühlen, was drin ist. Igitt, das ist kein Schatz, es ist weich und glitschig, das muss das Gespenst sein, oh Schreck!
Wir lassen den Deckel der Truhe zufallen, rennen zur Tür, drücken sie auf – knarr – rennen die Treppe hinunter – tapp, tapp, tapp – sausen durch den langen Gang, erreichen die Tür, sie klemmt! Wir werfen uns gemeinsam dagegen – quiiietsch – sie springt auf, wir schlüpfen durch, drücken sie fest zu und verschnaufen nach so viel Aufregung!"

Auf der Pferderennbahn

Stellen Sie sich einen Familienausflug zur Pferderennbahn vor. Da die Kinder immer so „bummeln", müssen schließlich alle rennen, um den Bus noch zu erreichen. Im Bus halten sich alle an einer Stange fest und federn beim Fahren leicht in den Knien. Auf der Rennbahn angelangt, suchen alle auf den Zehenspitzen einen guten Sitzplatz. Jetzt verwandeln sich die Familienmitglieder in die nervösen Pferde, die tänzeln und scheuen. Ein Mitspieler kommentiert wie beim Sportreport das Geschehen: „Nach dem Startschuss rennen die Pferde los!" Dabei sind die Knie leicht gebeugt und die Füße trampeln auf der Stelle auf den Boden. „Da kommt das erste Hindernis!" – die Pferde machen einen hohen Sprung. Alle trampeln auf der Stelle weiter. Nach weiteren Hindernissen und dem Wassergraben bricht der Jubel aus: „Gewonnen, gewonnen!"

Sie können diese Geschichte auch abwandeln. Dabei gehen alle „Pferde" im Kreis auf die Knie. Mit den Händen wird galoppiert und gemeinsam legen sich alle links und rechts in die Kurve. Wenn der Sportreporter ein Hindernis ansagt, springen alle auf und hüpfen darüber. Dann geht es weiter in die nächste Runde, die Kurve, der Wassergraben, die Zielgerade – „Alle Reiter winken den Gästen auf der Ehrentribüne!" – und Schluss!

Tanzbären und Krabbelmäuse

Spaß und Spiel mit Bewegungsliedern

Bewegung und Musik – untrennbar sind diese beiden Bereiche verbunden. Sowohl Erwachsene als auch Kinder werden durch kaum etwas anderes so zur Bewegung animiert wie durch Musik. Selbst die Allerkleinsten fangen an zu wippen und wiegen sich, wenn Musik erklingt – sogar, wenn sie bisher noch nie einen Menschen beim Tanzen beobachtet haben. Bewegung zu Musik und Rhythmus ist ein Urbedürfnis. Das ist schon daran zu erkennen, dass sich alle uns bekannten Völker musikalisch betätigen, indem sie tanzen und singen.
Bewegungslieder setzen sich aus den vier Elementen Musik, Sprache, Rhythmus und natürlich Bewegung zusammen und sprechen bei Kindern deshalb nahezu alle Entwicklungsbereiche an.
Musik regt Kinder an, akustische Reize wahrzunehmen und stimuliert das Gehör. Es gilt, laute und leise, hohe und tiefe Töne zu unterscheiden und die Struktur sowie den Aufbau der gehörten Musik zu verstehen. Erst dann behalten Kinder beispielsweise die Melodie oder wiederholen bestimmte Teile. Außerdem kann Musik unterschiedliche Gefühle ansprechen und ausdrücken. Ihr Kind lernt hierbei, seine Gefühle auf unterschiedliche Art zu zeigen.
Der Text der Bewegungslieder regt Ihr Kind auf spielerische Art an, Sprache zu gebrauchen. Es erweitert seinen Wortschatz und prägt sich durch die rhythmische Begleitung und Betonung ganz unbemerkt neue Ausdrucksweisen und Formulierungen ein. Dabei wird Ihrem Kind vermittelt, dass Sprache auch zum Spielen und Spaßmachen da ist.

Das Zusammenspiel von Bewegung, Sprache und Musik ist es, was Bewegungslieder zu einem lehrreichen Spaß macht – verbindendes Element dabei ist der Rhythmus. Kinder reagieren ganz unmittelbar und spontan auf Rhythmen. Bereits vor ihrer Geburt machen sie die ersten Erfahrungen mit rhythmischen Geräuschen und Bewegungen. Sie hören Herzschlag und Atem der Mutter und werden sanft gewiegt, wenn sie sich bewegt. Später haben die eigenen Bewegungen der Kinder wie Strampeln und die ersten Gehversuche ebenfalls einen deutlichen Rhythmus – genauso wie das Lallen und die ersten Sprechversuche. Rhythmus hat Ihr Kind also schon auf vielfältige Weise erfahren und es fühlt sich dementsprechend von rhythmischen Reizen besonders angesprochen. Bewegungslieder mit Kindern im Alltag sollen jedoch vor allem eine Voraussetzung erfüllen: Sie sollten Spaß machen. Es gibt viele unterschiedliche Lieder, zu denen man sich genauso vielseitig bewegen kann. Das bietet für jeden Geschmack etwas. Berücksichtigen Sie die besonderen Vorlieben Ihres Kindes, wenn Sie ruhige oder schnelle Rhythmen auswählen, solche „nur" für Fingerspiele oder andere, bei denen der ganze Körper bewegt werden muss. Bücher mit unterschiedlichen Liedern zum Thema finden Sie im Anhang.

Hin und wieder sollten Sie ruhig ein Lied aus einer Kategorie auswählen, die Ihrem Kind nicht so liegt. Mit einer fetzigen Melodie oder einem witzigen Text kann es zum Beispiel gelingen, ein bewegungsarmes Kind hinter dem Ofen hervorzulocken. Ebenso kann ein weniger sprachbegabtes Kind durch Musik und Bewegung wie nebenbei dazu verleitet werden, an einem verrückten Sprachspiel Spaß zu haben.

Vielleicht erinnern Sie sich auch noch an das eine oder andere witzige Lied aus Ihrer Kindheit? „Ein Männlein steht im Walde", „Fuchs, du hast die Gans gestohlen", „Es tanzt ein Bi-Ba-Butzemann ..." und wie sie alle heißen. Erfinden Sie dazu Bewegungen, die die Geschichte der Lieder illustrieren. Lassen Sie sich kurze Pantomimen einfallen, bei denen Ihr Kind Arme, Beine, Mimik und den ganzen Körper einsetzt. Nichts anderes machen die „Profis", von denen wir Ihnen auf den nächsten Seiten einige Bewegungslieder vorstellen.

Spielen, Turnen, Tanzen

Der Liederkalender von Rolf Zuckowski

„Immer wieder kommt ein neuer Frühling", singt Rolf in seinem Lied und jedes Jahr ist es wieder spannend zu beobachten, was alles aus der harten Wintererde erwacht. Wenn ihr selbst einmal dieses große Frühlingserwachen mitspielen möchtet, braucht ihr „Wintererde". Nehmt als Erde ein Bettlaken oder eine Wolldecke, unter der ihr euch versteckt. Mama, der Papa oder Spielfreunde eignen sich zum Mitmachen am besten. Ihr könnt aber auch alleine den Frühling erwachen lassen ...
Ihr selbst spielt den Krokus, die Tiere und die Sonne, die in den jeweiligen Strophen aus der Wintererde hervorkriechen und im anschließenden Refrain um ihre Erde oder mit ihrem „Erdstückchen" (Eltern oder Freunde) herumtanzen. Am Ende eines jeden Refrains sollt ihr euch schnell wieder unter der Wintererde verstecken.
Am Anfang (im ersten Refrain) knistert es nur leise unter der Wintererde – trommelt sanft mit den Fingern auf den Boden.
Dann wächst der Krokus ganz langsam aus der „Wintererde" durch eure gegrätschten Beine empor. Dabei beugt ihr euch mit den Armen zwischen den Beinen nach hinten, zappelt mit den Händen wie Blütenblätter im Wind und zieht die Arme langsam wieder nach oben, bis ihr gerade steht.
Die Häschen hoppeln aus ihrem „Winterbau" heraus. Dazu macht einer von euch eine hohe Brücke und der Spielnachbar hüpft darunter durch.

Die Meisen fliegen mit ausgebreiteten Armen um ihren „Winterbaum" – einen Mitspieler – herum. Vielleicht landen sie auch einmal auf ihm, indem der Baum die Meisen huckepack nimmt.

Die Schlange schlängelt sich mühsam aus ihrer „Winterhaut" heraus. Dazu macht einer von euch die sogenannte kleine Bank, und der andere schlängelt sich zwischen den Armen hindurch und auf dem Boden weiter.

Ihr seid die Sonne und breitet eure langen Strahlen (Arme) auf den Schultern oder dem Rücken der Erwachsenen aus – die drehen sich dabei langsam und majestätisch. Am Ende tanzt ihr vor Freude über das große Frühlingserwachen im Raum umher.
Zu allen Liedern aus „Rolfs Liederkalender" könnt ihr natürlich auch eigene Spiel- oder Tanzideen erfinden.

Spiele mit der Vogelfamilie bei „Rolfs Vogelhochzeit"

Das Lieblingsspiel aller jungen Vögel heißt „Hoch in der Luft". In der Musik hört ihr deutlich zwei Klatscher, die immer wiederkehren. Es hört sich so an, als würden die Vögel vor Freude laut mit dem Schnabel klappern.
Nun aufgepasst! Startet die Musik, so breitet eure Arme aus und flattert wie die Vögel umher. Aber hört genau zu, um die Klatschlücke zu erwischen. Bleibt stehen und klatscht zweimal in die Hände. Wenn ihr es schafft, genau vor eurem Mund zu klatschen, sieht es wie richtiges Schnabelklappern aus.

Tanzt mit auf der Vogelhochzeit!

Zu dem Lied „Vögelein, Vögelein, tanz mit mir" stellt ihr euch so, dass ihr euch ansehen könnt. Fangt mit der Musik an zu klatschen. Mit den ersten Textzeilen zeigt ihr euch eure Tanzfüße, in dem ihr mit den Fußspitzen abwechselnd vor euch auf den Boden tippt. Große Vögel (eure Eltern oder Freunde) können es euch sicherlich zeigen.
Zu „... La,la,la,..." fasst ihr euch an oder hakt euch ein und hüpft im Kreis herum.
Danach bleibt ihr stehen und klatscht mit den „Flügeln" oder klappert mit dem Schnabel (vor dem Mund in die Hände klatschen).

Heidi Lindner, Pipo-Lernwerkstatt, Neumünster
nach: CD/MC „Sing mit uns! Rolfs Vogelhochzeit", Polydor/Musik für Dich

Rückenfreundliche Bewegung für Kinder

Übungen und Tipps

„Sitz gerade!" – wer erinnert sich nicht an die wohlgemeinten ständigen Ermahnungen der Eltern in der eigenen Kindheit? Zu einer Zeit, in der man sich am liebsten so „bequem" wie möglich auf den Stuhl lümmelte?

Heute wünschen auch wir als Erwachsene, wo fast jeder sein „Kreuz mit dem Kreuz" zu tragen hat, unseren Kindern, dass ihr Rücken gesund bleibt. Doch damit ist es nicht getan. Wir müssen feststellen, dass nicht weniger, sondern immer mehr Kinder und Jugendliche unter Rückenbeschwerden leiden und dass die ersten Beschwerden immer früher auftreten. Deswegen stellt sich die Frage: Wie können Eltern in der heutigen Zeit, in der sich die Kinder in der Schule, vor dem Fernseher oder dem Computer „kaputt sitzen", ihre Sprösslinge zu rückengerechten Bewegungsaktivitäten motivieren, die Spaß machen?

Kinder sehen naturgemäß nicht ein, dass sie für einen gesunden Rücken etwas tun müssen. Sie sind nur dann für rückenfreundliche Bewegungsaktivitäten zu begeistern, wenn diese spielerischen Charakter haben. Dies sollte deshalb den Kindern – aber auch den Eltern – Spaß machen und im Zusammenhang mit der allgemeinen Gesundheitserziehung gesehen werden. Gemäß dem Volksmund „Was Hänschen nicht lernt, lernt Hans nimmermehr" sollte rückenfreundliche Bewegung so früh wie möglich beginnen. Im Kindergarten oder spätestens in der Grundschule und natürlich in der Familie ist der richtige Ort dafür. Sie als Eltern haben dabei als Vorbild eine besondere Bedeutung. Integrieren Sie Bewegung, Entspannung und rückenfreundliches Verhalten wie selbstverständlich in den Tagesablauf Ihrer Familie. Dann ist die Wahrscheinlichkeit, dass Sie und Ihre Kinder langfristig zu Bewegung und einem gesundheitsfördernden Leben motiviert werden, besonders groß. Dabei sollte bei Kindern jedoch nicht der Eindruck entstehen, dass Sport und Bewegung als eine Art Medikament verabreicht werden. Vielmehr sollte Bewegung als spannend, freudvoll und zweckfrei erlebt werden – mit dem gewünschten positiven Nebeneffekt.

Besonderer Schwerpunkt einer ganzheitlich orientierten rückenfreundlichen Bewegung ist es, den eigenen Körper besser wahrzunehmen. Das ist ein elementarer Baustein für gesunde Haltung und Bewegung bei Kindern.
Das Selbstwertgefühl zu entwickeln und zu stärken ist für die Haltungsschulung ebenfalls sehr wichtig. Wie sich ein Mensch fühlt, drückt sich oft genug in seiner Haltung aus: Man lässt „den Kopf hängen" oder ist geknickt. Selbstvertrauen fördern bedeutet demnach, Situationen zu schaffen,

- *in denen das Kind zeigt, was es kann,*
- *in denen es selbst ausprobiert und mitentscheidet,*
- *die der Leistungsfähigkeit und dem Entwicklungsstand des Kindes sowie seinen Bedürfnissen und Interessen entsprechen.*

Für eine gesunde Körperhaltung ist es zudem wichtig, die koordinativen Fähigkeiten bei Kindern zu fördern. Der Wechsel zwischen An- und Entspannung der Muskeln macht eine „gute" Haltung erst möglich. Je ökonomischer die Haltemuskulatur zusammenarbeitet, umso „besser" ist die Haltung.
Wenn Kinder keine Ausdauer haben, können sie auch Muskelspannung nicht lange halten. Deswegen sind Laufspiele, bei denen es darauf ankommt, länger statt besonders schnell zu laufen, sehr gut. Sie machen Kindern nicht nur Spaß, sondern kommen auch ihrer Haltung zugute.
Bei dem Begriff „rückenfreundliche Bewegung" denken viele zunächst an eine „funktionelle Gymnastik", das heißt an gezielte Übungen, um die Muskulatur zu kräftigen und zu dehnen. In den Bewegungssequenzen für Familien sollten diese Übungen jedoch nur in spielerischer Form durchgeführt werden. Dies gilt insbesondere für Kinder unter neun Jahren, die sonst nicht motiviert sind mitzumachen. Viel Spaß dagegen macht es Kindern, an Spielplatzgeräten zu klettern, zu hangeln und zu turnen. Auch wenn Eltern bei solchen Aktionen häufig voller Sorge denken: „Wenn das mal gut geht." Solche Mutproben fördern Kraft und Dehnfähigkeit der Muskulatur sowie die Beweglichkeit der Gelenke.

Mit einer Vielzahl der Spiele, die wir in anderen Kapiteln vorstellen, kann man auch die Haltung schulen. Hier noch ein paar weitere Spiel- und Übungsideen:

Double

(Körperwahrnehmung)

Ein Partner nimmt eine Körperstellung ein, die der andere mit geschlossenen Augen ertastet. Anschließend versucht er, diese Stellung selber einzunehmen.

König

Alle sitzen in sich zusammengesunken auf dem Boden. Ein Mitspieler legt einem anderen ein Bohnensäckchen auf den Kopf. Dadurch wird dieser zum „stolzen König", der sich langsam in den geraden Sitz aufrichtet. Dabei wird das Becken leicht nach vorn gekippt, der Brustkorb öffnet sich und die Halswirbelsäule wird gestreckt. Anschließend darf der König mit dem Säckchen seinen Nachfolger krönen.

Luftmatratze

Die Familie geht zum Schwimmen an den Strand. Leider hat sie die Luftmatratze vergessen. Was tun? Ein Kind wird zur Luftmatratze. Es liegt zunächst entspannt auf dem Boden und wird ganz langsam von den anderen Mitspielern „aufgeblasen". Dabei füllen sich nach und nach die einzelnen Kammern (Beine, Bauch, Arme, Schultern, Po) mit Luft, indem die „Luftmatratze" die entsprechenden Muskeln anspannt. Wenn sie „aufgeblasen" ist, lassen die Mitspieler aus manchen Kammern wieder ein bisschen Luft ab oder pumpen noch etwas mehr hinein. Manchmal hat die Luftmatratze aber auch ein Loch. Dazu entspannt der Luftmatratzen-Spieler das entsprechende Körperteil. Können die anderen herausfinden, wo das Loch ist?

Funktionsgymnastik spielerisch verpackt

Mäuschen fangen

(Kräftigung der Bauch- und Gesäßmuskulatur)

Ein Spieler liegt mit gestreckten oder mit angezogenen Beinen auf dem Rücken. Unter seiner Lendenwirbelsäule liegt ein Tuch. Das ist das Mäuschen. Der Partner kniet daneben und zieht das Mäuschen so schnell wie möglich unter dem Rücken hervor. Der andere versucht, das Mäuschen zu fangen, indem er die Lendenwirbelsäule schnell ganz fest auf den Boden drückt. Das heißt: Kinn an die Brust und den ganzen Körper einschließlich Bauch anspannen.

Maikäfer

(Kräftigung der Bauchmuskulatur und Lockerung)

Alle liegen wie Maikäfer, die auf den Rücken gefallen sind, auf dem Boden. Sie versuchen, mit Armen und Beinen in der Luft zu strampeln. Wer erreicht den nächsten Grashalm? Anschließend strecken alle ihre Arme und Beine und machen sich auf dem Boden ganz lang.

Fratzen schneiden

(Kräftigung der Bauchmuskulatur)

Alle Mitspieler legen sich auf den Rücken. Die Beine sind angewinkelt, die Knie auseinander. Dabei liegen zwei sich so gegenüber, dass sie einander durch die Beine sehen können. Gleichzeitig heben nun alle Kopf und Schultern so weit vom Boden ab, dass sie dem anderen eine Fratze schneiden können. Wer zeigt die schaurigsten Gesichter?

Brücke

(Kräftigung der Rücken-, Gesäß- und Bauchmuskulatur)

Ein Mitspieler liegt mit angewinkelten Beinen auf dem Rücken. Dann hebt er den Po so hoch, dass Rücken, Po und Oberschenkel eine verlängerte Linie bilden. Die Schultern bleiben dabei auf dem Boden liegen, die Arme sind zur Seite weggestreckt und stabilisieren die Position. Der andere Spieler versucht nun, unter der Brücke durchzukrabbeln oder über sie zu steigen.

Bevor die Mitspieler die Rollen wechseln, entspannt sich der Brückenbauer. Dazu legt er sich auf den Rücken und rollt sich ganz klein zu einem Päckchen zusammen. Die Knie umfasst er dabei mit den Händen und zieht sie nah zum Bauch heran.

Flugzeug

(Kräftigung der Rückenmuskulatur)

Ein Kind liegt auf dem Bauch. Seine Arme sind die Flügel, die es nur ein paar Zentimeter über dem Boden hält. Dabei beugt es die Arme im rechten Winkel. Die Nasenspitze schwebt knapp über dem Boden, sodass der Kopf nicht in den Nacken genommen werden kann. Po-, Rücken- und Schultermuskulatur sind angespannt. Der Partner versucht nun, auf die Arme, die Hände und den Kopf zu drücken und das Flugzeug aus seiner Position zu bringen. Damit dem Flugzeug nicht die Puste ausgeht, muss es natürlich weiteratmen und darf nicht die Luft anhalten.

Wir sitzen uns kaputt

„Kannst du nicht mal ruhig sitzen bleiben?!", „Zappel nicht so auf dem Stuhl herum!" – ständig ermahnen wir unsere Kinder, ihren natürlichen Bewegungsdrang einzuschränken. Dabei muss man gerade den Sitzzwang umso kritischer betrachten, wenn man Folgendes bedenkt: Spätestens in der Schule sitzen Kinder ohnehin fast den ganzen Vormittag. Und am Nachmittag oder Abend machen sie es sich sitzend vor dem Fernseher oder Computer „bequem". Gerade in der Entwicklungsphase Grundschulalter ist Bewegung jedoch enorm wichtig für Kinder.

Grundsätzlich gilt für Kinder ebenso wie für Erwachsene:

- Stundenlanges Sitzen vermeiden.
- Keine starre Sitzposition einnehmen, sondern stattdessen die Haltung ständig wechseln. Damit sitzt man dynamisch.
- Immer wieder mal Sitzbälle oder andere alternative Sitzgelegenheiten benutzen.
- Kleine Bewegungspausen einlegen: aufstehen, sich rekeln und strecken.
- Und nicht zuletzt natürlich „richtig" sitzen.

Richtig sitzen – aber wie?

Richtig zu sitzen bedeutet, dass sich die Wirbelsäule in ihrer physiologischen Form befindet. Um das zu erreichen, können sich Kinder und Erwachsene vorstellen, dass sie wie eine Marionette am Hinterkopf nach oben und am Brustkorb noch vorne gezogen werden

Die Knie sind schulterbreit geöffnet, die Füße stehen fest auf dem Boden und zeigen dabei leicht nach außen. Der Stuhl sollte so hoch sein, dass die Oberschenkel ein wenig nach unten abfallen. Am leichtesten lässt sich diese Position einnehmen, wenn man sich auf den vorderen Teil des Stuhls setzt und/oder einen Sitzkeil benutzt. Die folgende kleine Sitzübung macht auch Kindern Spaß:

Marionettenzauber

Die Marionetten sitzen zusammengesunken auf ihrem Stuhl. Um Mitternacht erwachen alle Marionetten und werden an ihren Fäden gerade aufgerichtet. Dabei zieht ein besonderer Faden den Brustkorb nach vorne. In dieser geraden Sitzhaltung können sie

- mit den Armen wackeln
- den Kopf von rechts nach links drehen
- die Schultern hoch und runter ziehen.

Plötzlich ist der Zauber wieder vorbei und alle Marionetten fallen auf ihrem Stuhl in sich zusammen.

Bücken, heben und tragen – aber richtig

Dass das Bücken, Heben oder Tragen Gift für die Bandscheiben sein kann, weiß spätestens derjenige, der nach einem Umzug schon mal mit Hexenschuss im Bett gelegen hat. Die drei Bewegungen wirken sich meist nicht so direkt aus, aber sich zu bücken, Lasten zu heben oder zu tragen ist immer eine enorme Belastung für unseren Rücken. Dies gilt besonders für Kinder. Man muss nämlich bedenken, dass beim Tragen eines 10 kg schweren Gewichts mit krummem Rücken die Belastung für die unterste Lendenbandscheibe etwa viermal so hoch ist wie das eigentliche Gewicht. Grundsätzlich gilt deswegen:

- Gehen Sie zum Bücken in die Hocke.
- Vermeiden Sie häufiges Heben und Tragen von schweren Lasten. Beim Heben schwerer Gewichte stellen Sie sich möglichst nah und frontal vor den Gegenstand, den Sie heben möchten. Die Knie stehen schulterbreit auseinander und werden auf maximal 90 Grad gebeugt. Das Becken wird nach vorn gekippt und Bauch und Rückenmuskeln angespannt. Dann umfassen Sie das Gewicht und heben es gleichmäßig an. Dabei strecken Sie die Hüft-, Knie- und Fußgelenke und ziehen das Gewicht möglichst nah an den Körper heran.
- Wenn Sie ein Gewicht heben, sollten Sie Ihren Körper nicht verdrehen. Heben Sie den Gegenstand erst an, dann drehen Sie den gesamten Körper und anschließend setzen Sie das Gewicht ab.
- Verteilen Sie Gewichte auf beide Körperseiten oder noch besser: Tragen Sie sie auf dem Rücken.
- Ob es sinnvoll ist, das Bücken, Heben und Tragen mit Kindern zu üben, hängt vom Alter und dem Entwicklungsstand Ihres Kindes ab. Kleinkinder heben und tragen Gegenstände meist instinktiv richtig. Bestimmte Techniken zu erlernen erfordert bei Kindern eine gute Körperwahrnehmung und eine entsprechend ausgeprägte Muskulatur – besonders der Beine. Daher sollten Eltern zunächst vor allem mit gutem Beispiel vorangehen und ihren Kindern richtiges Bücken, Heben und Tragen im Alltag vorleben.

Rückenfreundliche Schulranzen

Haben Sie schon einmal gewogen, wieviel Gewicht Ihr Kind jeden Tag in die Schule trägt? Grundsätzlich sollten Sie darauf achten, dass das Gewicht eines Schulranzens mit Inhalt zehn Prozent des Körpergewichts Ihres Kindes nicht übersteigt.

Damit Kinder Schulbücher und -hefte rückenfreundlich tragen können, wurde in Zusammenarbeit mit Medizinern, Verkehrsexperten und Kindern zum Beispiel der Scout Maxi entwickelt. Das ist ein Schulranzen, der in puncto Ergonomie besonders hohen Ansprüchen genügt. Er engt Kinder in ihrem Bewegungsdrang nicht ein und ermöglicht es ihnen, auf dem Schulhof auch mit dem Ranzen herumzutoben.
„Der Aufbau des Scout Maxi gewährleistet eine optimale Rückenpassform und gleichmäßige Gewichtsverteilung. Die wachsende Wirbelsäule wird davon profitieren", bewertet Prof. Dr. Fritz Uwe Niethard, Direktor der Orthopädischen Universitätsklinik Aachen, diesen Ranzentyp.

Auf folgende Merkmale sollten Sie grundsätzlich achten, wenn Sie einen Schulranzen kaufen:

- flexible Netzabspannung als komfortable Rückenpolsterung
- Armfreiheit und Bewegungsfreiheit
- Fixierungsmöglichkeit des Inhalts
- Verwendung von fluoreszierenden und reflektierenden Materialien für die Sicherheit Ihrer Kinder
- geringes Gewicht
- der Ranzen soll hochformatig und nicht wesentlich breiter als die kindlichen Schultern sein

Durch eine flexible Netzabspannung am Rücken passt sich der Ranzen bei jeder Bewegung und in jedem Alter dem Kinderrücken an. Das Ranzengewicht wird durch die große Auflagefläche des Netzes gleichmäßig verteilt und verursacht keine Druckstellen. Durch eine optimale Luftzirkulation schwitzen die Kinder beim Tragen des Ranzens nicht. Die Tragegurte sollten etwa vier Zentimeter breit, gut gepolstert und schnell verstellbar sein. Der Ranzen sitzt optimal, wenn er mindestens mit der Schulterhöhe abschließt und waagerecht auf dem Rücken getragen wird. Achten Sie täglich, wenn Sie den Ranzen packen, auf den Stundenplan Ihres Kindes. Das heißt, Ihr Kind sollte nur so viel wie nötig im Ranzen haben.
Diese Ausstattung bietet zum Beispiel der Scout Maxi. Im Verhältnis zu seinem Volumen ist er ein rückenschonendes Fliegengewicht, mit dem der Schulweg für die Kinder nicht zur Last wird.

Folgendes Spiel mit dem Schulranzen macht nicht nur Spaß, sondern verbessert auch die Haltung:

Brummis

Zwei Spieler stehen hintereinander. Das vordere Kind ist der Lastwagen und trägt seinen Ranzen auf dem Rücken. Es schließt die Augen (kleinere Kinder können die Augen auch offen lassen). Das hintere Kind, der Fahrer, legt die Hände auf die Schultern seines Vordermannes und lenkt das Auto, indem es Druck auf verschiedene Körperteile und den Ranzen ausübt. Und zwar bedeutet:

~ Die Hände liegen locker auf den Schultern des Vordermannes ~
geradeaus gehen

~ Druck auf den rechten Oberarm ~
nach rechts abbiegen

~ Druck auf den linken Oberarm ~
nach links abbiegen

~ Druck auf den Ranzen ~
jetzt stehen bleiben

~ Druck auf den Kopf ~
Leerlauf, wir gehen auf der Stelle.

~ Druck auf den Po ~
Bitte den Motor abstellen.

Wer weiß trotz geschlossener Augen jetzt noch, wo er sich im Raum befindet?

elefanten zeigt her eure Füße

Wussten Sie, dass uns die Füße während unseres Lebens durchschnittlich drei- bis viermal um die Erde tragen? Oder dass schon beim normalen Gehen das gesamte Körpergewicht etwa 100-mal pro Minute auf beiden Füßen lastet? Beim Laufen und Rumtoben erhöht sich diese Belastung zusätzlich um ein Vielfaches.
Im Allgemeinen schenken wir unseren Füßen nur geringe Aufmerksamkeit. Das steht in keinem Verhältnis zur täglichen Schwerstarbeit, die unsere ständigen Begleiter am Ende des Körpers Tag für Tag verrichten. Denn ohne sie ginge im wahrsten Sinne des Wortes nur wenig. Sie ermöglichen nicht nur unsere Fortbewegung, sondern sind maßgeblich an der Aufrichtung des Körpers beteiligt. Die Füße tragen unser gesamtes Gewicht und fangen Belastungsspitzen für Knie, Hüfte und Rücken ab. Zudem verfügen die Fußsohlen über ein besonders ausgeprägtes Empfindungsvermögen. Für eine solch stolze Leistung sind unsere Füße von Natur aus bestens gerüstet, wenn man bedenkt, dass 98 Prozent aller Kinder mit gesunden Füßen zur Welt kommen. Leider werden dann aber im Kindes- und Jugendalter etwa die Hälfte aller Füße verdorben. Fußschwächen bzw. -schäden entstehen vor allem durch nicht passendes Schuhwerk.

Worauf Sie beim Schuhkauf achten sollten

Damit die Füße Ihrer Kinder nicht auf halber Strecke um die Erde schlappmachen, sollten Sie als Eltern beim Schuhkauf besonders darauf achten, dass Sie nur wirklich passende Schuhe kaufen.
Um Eltern bei der Wahl der Schuhe für ihre Kinder zu unterstützen, haben die Marke „elefanten" und andere Kinderschuhhersteller in Zusammenarbeit mit Kinderärzten und Orthopäden das Weiten-Maß-System (WMS) geschaffen.

Dieses System berücksichtigt nicht nur die Fußlänge, sondern auch die Fußweite (W = weit für kräftige Füße, M = mittel für mittlere Füße, S = schmal für schlanke Füße).
Mit dem speziellen WMS-Fußmessgerät werden Länge und Breite beider Füße im Stand und unter Belastung gemessen. Bei WMS-Schuhen von elefanten können Sie als Eltern sich darauf verlassen, dass die am Schuh ausgezeichnete Größe auch der Schuhinnenlänge entspricht – das heißt der Summe von Fußlänge und einer Zugabe für das Wachstum und die Streckung beim Gehen.

Füße im Kleinkindalter wachsen monatlich im Durchschnitt um etwa 1,5 mm. Das ist schneller, als Hände, Arme und Beine wachsen. Deswegen sollten Sie die Füße Ihrer Kinder möglichst alle 8 bis 12 Wochen messen lassen. Gute Schuhfachgeschäfte führen diese WMS-Messung durch.

Wenn Ihr Kind die ersten Schritte lernt, ...

... sollte es dies zu Hause möglichst barfuß tun können. Auch später sollten Kinder so oft wie möglich barfuß laufen – etwa in der Wohnung, auf dem Rasen, am Strand oder im Sandkasten. Durch das Barfußlaufen – zu vergleichen mit Gymnastik für die Füße – wird die Fuß- und Sprunggelenkmuskulatur gekräftigt, die Koordination verbessert und das Gleichgewicht geschult. Gleichzeitig kann Barfußlaufen dazu beitragen, negative Veränderungen der Fußformen wie Hohl-, Spreiz-, Knick- und Senkfuß zu vermeiden.

Trotzdem brauchen Kinder Schuhe, um ihre Füße vor Kälte, Schmutz und Verletzungen zu schützen. Schuhe sind dagegen nicht nötig, um die Kinderfüße zu stützen, was viele Eltern glauben. Gute Kinderschuhe – wie beispielsweise die der Marke elefanten – ermöglichen Kindern, wie »barfuß zu laufen". Sie sind leicht und sehr flexibel und können deswegen allen natürlichen Bewegungen des Fußes folgen.

Wenn Ihr Kind Schwielen oder Rötungen an Fuß oder Zehen hat, ist das meistens ein Hinweis darauf, dass Schuhe schlecht sitzen, zu klein sind oder vorne zu spitz zulaufen. Als Eltern sollten Sie auf solche Veränderungen an den Füßen Ihrer Kinder achten.

Bereits beim Eintritt in die Schule haben viele Kinder (etwa 30 Prozent) beachtliche Deformationen der Zehen oder des Fußgewölbes. 90 Prozent dieser Veränderungen sind auf nicht fußgerechte Schuhe zurückzuführen. Viele dieser Erkrankungen sind schwer heilbar oder irreversibel.

Wie alle Organe unseres Körpers brauchen auch die Füße Bewegung. In Verbindung mit Bewegungsmangel kann falsches Schuhwerk oder Übergewicht leicht dazu führen, dass die Muskelkraft, die Beweglichkeit und die Wahrnehmungsfähigkeit der Füße nachlässt. Fußschwächen oder sogar Fußschäden sind die Folge.

Sollten Sie bei Ihren Kindern Anzeichen von Fußauffälligkeiten entdecken, empfiehlt es sich immer, ärztlichen Rat einzuholen. Je früher eine entsprechende Behandlung beginnt, umso besser sind die Behandlungsaussichten.

Greifübungen und -spiele

Um möglichen Fußschwächen und -schäden vorzubeugen, sind Greifübungen mit den Zehen besonders wirkungsvoll, da sie die Zehenbeuger kräftigen.
Die nachfolgenden Spiele machen Kindern besonders viel Spaß, wenn sie ihre Zehen zuvor als Gesichter anmalen dürfen.

„Zehn kleine Zappelzehen"

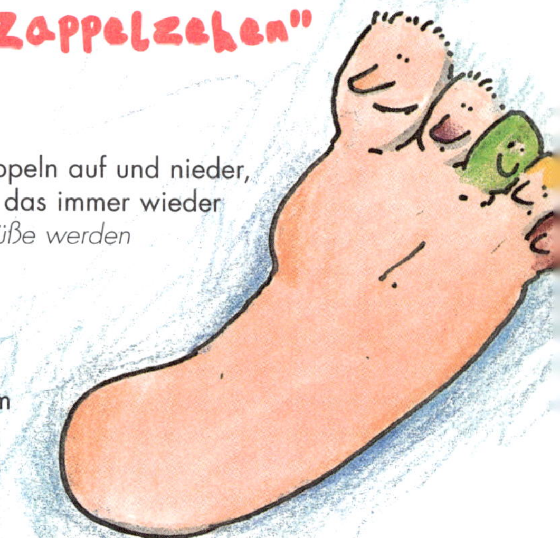

Zehn kleine Zappelzehen zappeln auf und nieder,
zehn kleine Zappelzehen tun das immer wieder
(Die Zehen zappeln und die Füße werden dabei rauf und runter bewegt).

Zehn kleine Zappelzehen zappeln rundherum,
zehn kleine Zappelzehen sind ja gar nicht dumm
(Die Füße beschreiben mit den zappelnden Zehen einen großen Kreis).

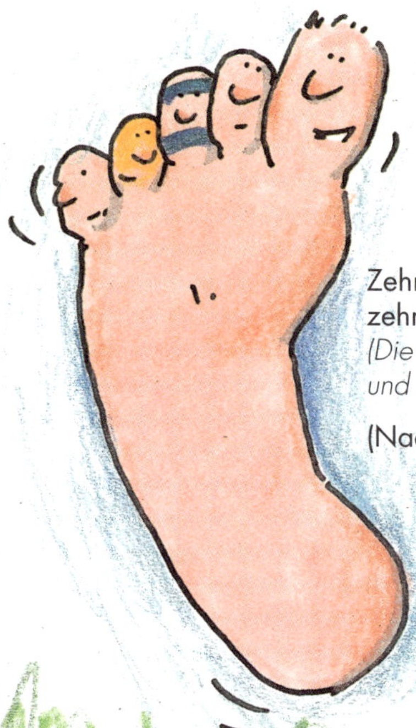

Zehn kleine Zappelzehen spielen gern Versteck,
zehn kleine Zappelzehen sind auf einmal weg
(Die Zehen werden ganz fest zusammengekrallt, und die Füße gehen nach unten).

Zehn kleine Zappelzehen rufen laut „Hurra",
zehn kleine Zappelzehen sind dann wieder da
(Die Füße werden wieder nach oben gestreckt und die Zehen zappeln, so schnell sie können).

(Nach der Melodie von „Zehn kleine Negerlein!")

Greifspiele mit dem Seil

Wenn Sie für die folgenden Übungen kein Seil zur Hand haben, können Sie sich auch mit dem Gürtel eines Bademantels, einer festen Gardinenkordel oder ähnlichem Material behelfen. Nur auf Wäscheleinen sollten Sie wegen ihrer geringen Formbarkeit und der Gefahr möglicher Verletzungen verzichten.

Figuren legen

Ihr Kind klemmt das Seil zwischen seine Zehen und versucht mit den Füßen einfache Figuren zu legen wie einen Kreis, ein Quadrat, einen Mond oder einen Buchstaben.

Würfeln

Die Kinder würfeln mit ihren Zehen und legen die Zahl anschließend mit dem Seil nach.

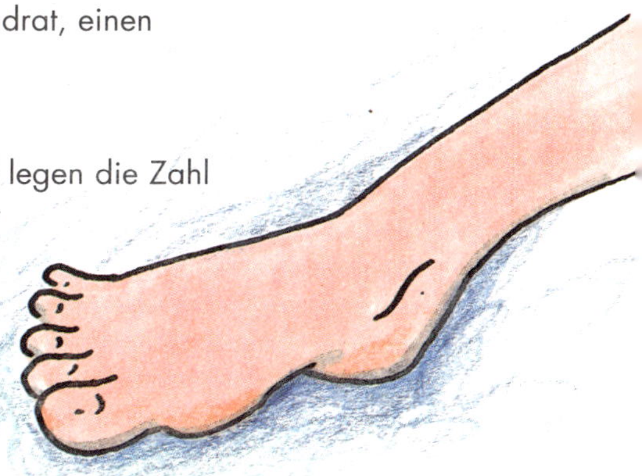

Greifübungen und -spiele mit Alltagsmaterialien

Schreibstunde

Schreibt mit einem Tuch Zahlen und Buchstaben in die Luft. Nicht so schwer? Na, dann sind wir mal gespannt, wer von euch es als Erster schafft, das ganze Alphabet mit einem zwischen den Zehen eingeklemmten Tuch in die Luft zu schreiben, ohne dass das Bein abgesetzt wird oder das Tuch den Boden berührt.

Geburtstag

Beim nächsten Kindergeburtstag müssen die kleinen Gäste mit ihren unbekleideten Füßen kleine „Geschenke" in ein Tuch einpacken ohne die Hände zu Hilfe zu nehmen. Geschafft? Dann darf das Geburtstagskind die Geschenke auspacken – natürlich ebenfalls nur „per pedes" …

Tücherziehen

Ihr sitzt euch zu zweit gegenüber und greift dasselbe Handtuch mit den Zehen. Auf ein Kommando versucht ihr, eurem Mitspieler das Tuch zu entreißen. Bei mehr als zwei Mitspielern ziehen alle mit ihren Zehen an dem Tuch. Wer hält das Tuch am längsten fest?

Meisterwerke

Wussten Sie, dass Kinder mit Wachsmalstiften oder Kreiden, die sie zwischen die Zehen klemmen, kleine Kunstwerke zustande bringen? Oder mit den bloßen Füßen aus größeren Bauklötzen Häuser bauen können? Probieren Sie es aus!

Murmelboule

Bei dieser Variante des beliebten Boule-Spiels rollt ein Mitspieler eine dickere Kugel über den Boden. Jedes Kind erhält danach zehn Murmeln, die es mit den Zehen möglichst nahe an die große Kugel heranrollen soll.

Spring- und Hüpfspiele

Kinder zeigen ihren Bewegungsdrang besonders durch die unentwegte Lust, zu springen und zu hüpfen. Lauf-, Hüpf- und Sprungspiele dienen der Sicherung des Fußgewölbes und stärken bzw. erhalten die Leistungsfähigkeit der Fuß- und Beinmuskulatur. Wenn Ihr Kind Einbeinsprünge macht und Sie bei der Landung übermäßige Knickfußstellungen beobachten, sollte Ihr Kind auf diese Bewegungen so lange verzichten, bis seine Muskulatur kräftig genug ist, auch solche Sprünge elastisch abzufedern. Wenn Sie sich wegen der Knickfußstellung unsicher sind, fragen Sie einen Orthopäden.

Spielstraße

Vielleicht haben auch Sie bei Straßenspielen in Ihrer Kindheit nur zu gerne die unerledigten Hausaufgaben vergessen? Wenn Sie nicht mehr wissen, was es da an Spielen alles gab: Wir haben hier für Sie und Ihre Kinder die Hits zusammengetragen.
Achten Sie aber darauf, dass Ihr Kind dämpfende Schuhe trägt, wenn Sie gemeinsam auf die Spielstraße gehen oder (bei entsprechend federndem Untergrund) barfuß umherspringen.

Gummitwist

Wetten, dass dieses altbekannte Spiel auch heute noch Kinder faszinieren kann? Für diejenigen unter uns, die sich nicht mehr so recht erinnern können, wie's geht, hier noch einmal das Wichtigste in Kurzform:

Zwei Kinder stellen sich mit einem zusammengeknoteten Gummiband so gegenüber, dass das etwa 4 Meter lange Band ein Rechteck bildet. Dieses kann in der Höhe und Breite variiert werden (Gummiband wird zu den Knien oder noch höher geschoben, die Füße werden enger zusammen oder weiter auseinander gestellt). Der dritte Mitspieler darf sich eine Sprungfolge ausdenken, die von jedem Kind nachgehüpft werden muss.

Strichhüpfen

Auch diese Spielidee wird Ihnen zum Beispiel unter dem Namen „Hickelkästchen" sicherlich bekannt sein: Auf dem Boden wird ein Feld markiert, das aus mehreren kleinen Rechtecken besteht. Dabei gibt es ein Start- und ein Zielfeld. Jeder Mitspieler sucht sich einen flachen Stein. Alle hüpfen nun nacheinander durch diese „Hickelkästchen" und versuchen dabei, den eigenen Stein mit dem Fuß so anzustoßen, dass dieser ebenfalls von einem Feld ins angrenzende rutscht. Wer den zweiten Fuß aufsetzt oder wer mit dem Fuß oder dem Stein im falschen Kästchen landet, muss eine Runde aussetzen.

Teddybär, Teddybär

Seilspringen eignet sich in zahlreichen Varianten hervorragend zum Hüpfen. Dies gilt sowohl für das Seilspringen mit dem kleinen als auch mit einem großen Seil, das von zwei Spielern geschwungen wird. Dabei versucht ein Mitspieler, in das schwingende Seil zu springen und im Rhythmus des Seils weiterzuspringen, ohne dass das Seil gegen seine Beine schlägt. Besonders beliebt sind dabei Zusatzaufgaben, die den Springer in Form von Sprechgesängen begleiten. Der wohl bekannteste lautet:

Teddybär, Teddybär,
dreh dich rum.
Teddybär, Teddybär,
mach dich krumm.
Teddybär, Teddybär,
auf einem Bein.
Teddybär, Teddybär,
das ist fein.
Teddybär, Teddybär,
bau ein Haus.
Teddybär, Teddybär,
spring heraus.

Karussell

Ein Kind dreht sich mit einem langen Seil in der Hand um die eigene Achse. Die anderen Mitspieler springen beidbeinig über das sich drehende Seil, ohne sich davon berühren zu lassen.

Pfützenspringen

Mit Gummistiefeln und Regenhose ausgestattet macht Pfützenspringen nicht nur Kindern Spaß. Jeder sucht sich dazu seine eigene Pfütze und versucht sie zu leeren, indem er immer wieder mit ganzer Kraft hineinspringt. Geübte Springer dürfen nur mit einem Bein in die Pfütze hüpfen.

Balancierübungen und -spiele

Unterstützen Sie Ihre Sprösslinge, sooft es geht, bei Balancierübungen. Nehmen Sie sich auf dem Weg zum Einkaufen oder zum Kindergarten die Zeit, Ihr Kind auf Mauern, Absätzen und Balken balancieren zu lassen. Nur so kann sich die dafür notwendige fein abgestimmte Bewegungskoordination entwickeln. Damit der Fuß alle wichtigen Reize wahrnehmen kann, sollten Kinder hin und wieder auch barfuß balancieren. Achten Sie zudem darauf, dass Ihr Kind seine Füße beim Balancieren nicht nach außen dreht. Auf diese Weise fördern Sie die achsengerechte Fußhaltung Ihres Kindes.

Seiltänzerin

Ein Seil wird auf den Boden gelegt. Eine „Seiltänzerin" versucht, von einem Ende zum anderen zu balancieren, ohne dabei abzustürzen.

Übungen zur Wahrnehmungsförderung

Lassen Sie Ihr Kind häufiger auf verschiedenartigen Untergründen wie Rasen, Sand oder auch Waldboden barfuß herumtoben. Kinder kräftigen auf diese Weise nicht nur ihre Gelenke, sondern ertasten die Bodenbeschaffenheit und erleben damit eine Vielfalt unterschiedlicher Wahrnehmungen.

Aber auch in der Wohnung können Sie – am besten mit geschlossenen Augen – Ihren Füßen und denen Ihres Kindes Gutes tun, indem Sie über Fliesen, Teppiche, Stoffe, Bohnensäckchen, Fußmatten und andere Materialien barfuß gehen. Fragen Sie Ihr Kind anschließend, welchen Untergrund es als besonders warm, kalt, rau, glatt, weich oder hart empfunden hat.

Nehmen Sie einen Tennis- oder besser noch Igelball und rollen Sie diesen gemeinsam mit Ihrem Kind unter den Füßen hin und her. Finden Sie dabei heraus, an welchen Stellen des Fußes Ihr Kind dies als besonders angenehm empfindet und an welchen Stellen es vielleicht sogar schmerzt.

Und noch eine Anregung: Alle Mitspieler schauen sich eine Reihe von Gegenständen auf einem Tablett genau an. Danach ertasten sie die Gegenstände mit den Füßen. Die Augen sind dabei geschlossen.

Auf dem Spielplatz

Ein Besuch auf dem Spielplatz eignet sich, um vielfältige Bewegungserfahrungen mit den Füßen zu machen. In der Regel gibt es dort genügend Möglichkeiten für Übungen und Spiele zum Greifen, Balancieren, Springen und Wahrnehmen.

Im Sandkasten:

- barfuß durch den Sand laufen und die Spur der Füße anschauen. Gibt es Unterschiede zwischen den einzelnen Füßen? Wer kann so durch den Sand gehen, dass die Abdrücke parallel zueinander stehen?
- Sand mit den Zehen „glattharken"
- Sand zwischen den Zehen durchrieseln lassen
- Füße eingraben und mit dem dicken Zeh ein Luftloch nach oben buddeln
- mit den Füßen eine Burg bauen, Füße transportieren Stöckchen und Blätter, die als Fahnen mit den Zehen auf die Burg gesetzt werden
- ein Weg zur Burg wird mit den Füßen festgestampft
- springen im Sand und auf der Wiese (beidbeinig und einbeinig) – wo ist es anstrengender?
- Weitsprung in den Sandkasten
- balancieren über den Sandkastenrand
- mit den Zehen Buchstaben oder Zahlen in den Sand malen.

Ich laufe, so schnell ich kann

Laufspiele für jedes Wetter

Laufspiele bieten vielfältige Bewegungsmöglichkeiten für jedes Wetter. Sie schulen die Sinneswahrnehmung, die Beweglichkeit, die Koordination, das Reaktionsvermögen und bei Kindern die Schnelligkeit. Alle Laufspiele, die wir für Sie gesammelt haben, sollen Sie und Ihre Kinder zum Mitmachen herausfordern und auch Anregungen für neue Variationen geben. Mit wenig Aufwand können Sie die Spiele mit Kindern, Großeltern und Freunden ausprobieren.

Ein Schiff geht unter

Stell dir vor, du fährst mit deiner Familie auf einem Schiff auf hoher See. Es gerät in ein Unwetter und droht zu sinken. Du bist der Kapitän und bestimmst, wohin sich deine Mannschaft (Familie oder andere Mitspieler) retten soll. Du rufst: „Das Schiff geht unter, alle retten sich auf den Hügel, den Baum, die Laterne, das Klettergerüst, den Sandkasten, die Schaukel...!" Lauft, so schnell ihr könnt, zu dem vorgegebenen Platz, damit sich alle rechtzeitig retten können.

Tipp: *Nehmen Sie kleinere Kinder auf die Schulter und laufen Sie dann gemeinsam los. Rollstuhlfahrer sollten diese Aufgabe möglichst selbständig bewältigen. Ansonsten kann sie ein Familienmitglied unterstützen und bis zum vorgegebenen Platz schieben.*

Balljagd

Ein Mitglied deiner Familie stellt sich mit gegrätschten Beinen auf. Du stellst dich dahinter und rollst den Ball so schnell wie möglich durch die Beine. Der Mitspieler läuft nun dem Ball hinterher und versucht, ihn mit den Händen zu stoppen. Wie schnell wird es ihm wohl gelingen? Lustig wird es auch, wenn es einen Hang in der Nähe gibt. Ihr könnt alle zusammen einen Wettlauf gegen den Ball machen. Ein Mitspieler lässt den Ball den Hügel hinunterrollen, dann wird bis drei gezählt und nun dürfen alle loslaufen. Wer ist schneller unten, der Ball oder die Familie?

Tipp: *Basteln Sie mit kleineren Kindern einen Papierflieger. Dieser wird dann anstatt des Balles benutzt.*

Verkehrsrennen

Stell dir vor, du bist ein Fahrzeug. Jetzt überlegst du, wie schnell ein Fahrrad, ein Auto, ein Zug oder ein Flugzeug ist. Ein Fahrrad fährt langsamer und ein Flugzeug ist schneller als ein Auto. Versuche nun, deine Geschwindigkeit beim Laufen dem jeweiligen Fahrzeug anzupassen.

Bist du ein Fahrrad, dann läufst du ganz langsam, bist du ein Auto, dann laufe etwas schneller. Bist du ein Zug, läufst du noch schneller, und bist du ein Flugzeug, dann laufe, so schnell du kannst. Hast du keine Puste mehr, darfst du auftanken und dich ausruhen.

Tipp: *Das Spiel funktioniert auch, indem sich die Spieler Tiere vorstellen und sich wie ein Pferd, eine Schildkröte oder eine Schnecke bewegen.*

Schatten fangen

Versuche, den Schatten eines Familienmitgliedes mit dem Fuß zu treffen. Hast du es geschafft, rufe laut: „Gefangen!". Danach gibt es einen neuen Schattenfänger.

Tipp: *Zeigen Sie kleineren Kindern den Schatten vor Beginn des Spieles.*

Hase und Jäger

Du bist der Jäger und hast einen Ball in der Hand. Die anderen Familienmitglieder sind die Hasen und laufen vor dir weg. Versuche, die Hasen zu jagen und mit dem Ball zu treffen. Die Hasen, die getroffen wurden, müssen ausscheiden. Hast du alle Hasen getroffen, dann ist derjenige der Jäger, der als letzter von dir getroffen wurde.

Variante: *Wird ein Hase getroffen, ist er der Jäger. So muss keiner ausscheiden.*

Drunter und Drüber

Alle Familienmitglieder legen sich im Abstand von drei Metern quer auf den Rasen. Du läufst, so schnell du kannst und ohne jemanden zu berühren, drüber und legst dich im gleichen Abstand ans Ende. Jetzt darf der Erste in der Reihe als Nächster loslaufen. Waren alle Mitspieler einmal dran, gehen alle in den Vierfüßlerstand. Nun geht's wieder von vorn los, doch jetzt müssen alle unten durchkriechen.

Slalom

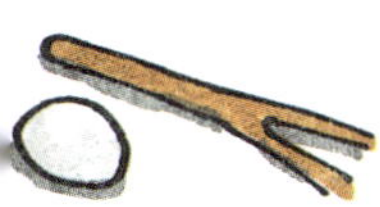

Suche mit deiner Familie verschiedene Naturmaterialien wie Stöcke, Steine oder Tannenzapfen. Lege die Materialien so, dass ihr einen Slalom laufen könnt. Damit es etwas spannender wird, könnt ihr die Zeit stoppen. Probiert alles auch einmal im Rückwärtslauf aus!

Variante: *Legen Sie die Form einer Schnecke und laufen Sie in sie hinein und wieder heraus. Sie können sich auch andere Formen und Bilder ausdenken.*

Schneehürden

Liegt im Winter Schnee, kannst du mit deiner Familie aus Schnee Hürden bauen. Achte darauf, dass gleiche Abstände dazwischen sind. Nun kann der Hürdenlauf beginnen. Ihr versucht, die Hürden zu überspringen, ohne sie zu berühren.

Variante: *Die Schneehürden könnt ihr auch als Slalomstrecke benutzen.*

Luftballontreibjagd

Alle Mitspieler haben einen Luftballon und einen Stock. Jeder versucht, den Luftballon mit dem Stock, so schnell es geht, von einer Stelle zur anderen zu treiben (zum Beispiel von Baum zu Baum) und wenn möglich, nicht runterfallen zu lassen.

Trefferball

Deine Familie bildet einen Kreis und du stehst mit einem Ball in der Mitte. Du wirfst den Ball möglichst gerade in die Höhe und rufst dabei den Namen eines Familienmitgliedes. Du und die anderen Mitspieler laufen schnell von ihrem Platz weg. Der aufgerufene Spieler muss nun zum Ball hinlaufen und ihn fangen. Sobald er ihn gefangen hat, ruft er: „Stopp!" Alle müssen sofort stehen bleiben. Nun darf der Fänger drei Schritte auf die ihm am nächsten stehende Person zugehen. Jetzt muss er versuchen, diese mit dem Ball zu treffen. Wird sie getroffen, ist sie als Nächste mit Werfen an der Reihe. Trifft der Fänger nicht, ist er noch einmal dran.

Tretlauf

Alle stecken sich ein Seil, das bis zum Boden reicht, am Rücken in die Hose oder in den Rock. Du bist der Fänger und musst versuchen, einen Mitspieler zu erwischen, indem du mit deinem Fuß auf dessen Seil trittst. Fällt dabei sein Seil runter, ist er an der Reihe.

Variante: *Du musst versuchen, bei allen Mitspielern das Seil zu fangen. Hast du es geschafft, wird der Fänger ausgewechselt.*

Tipp: *Du kannst anstatt eines Seiles auch einen Schal oder ein langes Tuch benutzen.*
Spieler im Rollstuhl können das Seil am Rollstuhl befestigen.

Laufen im Sand

Dieses Laufspiel könnt ihr in einem großen Sandkasten oder am Strand machen. Alle Mitspieler ziehen sich Schuhe und Strümpfe aus und laufen erst einmal los. Ihr werdet bald merken, wie schwierig es ist, im Sand zu laufen.
Jetzt wird ein Ziel bestimmt, zu dem alle um die Wette laufen.
Die kleineren Kinder bekommen, je nach Alter, etwas Vorsprung, damit alle gleiche Chancen haben.
Versucht es auch einmal im Rückwärts- oder Seitwärtslauf.

Wo ist meine Hundehütte?

Alle Familienmitglieder sind Hunde und zeichnen sich – bis auf einen Spieler – mit Kreide oder einem Stock eine Hundehütte auf den Boden. Alle Hunde stehen in ihrer Hundehütte. Der übriggebliebene Hund steht in der Mitte des Spielfeldes und ruft: „Wo ist meine Hundehütte?" Die anderen Hunde rufen: „Hier ist die Hütte!" Dabei müssen alle Mitspieler ganz schnell ihre Plätze verlassen und eine andere Hütte suchen. Wer ohne Hütte bleibt, ist als Nächster an der Reihe.

Feuer, Wasser, Sandsturm

Bevor das Spiel beginnt, wird ein Spielleiter ausgesucht, der bestimmt, was bei Aufruf von Feuer, Wasser, Sandsturm gemacht werden soll. Zum Beispiel: Wenn Feuer gerufen wird, müssen alle Spieler auf einem Bein stehen, bei Sandsturm legen sich alle auf den Bauch, bei Wasser retten sich alle auf eine Bank. Probiert es einmal aus, dann könnt ihr mit Ausscheiden spielen. Der Letzte muss immer das Spielfeld verlassen.

Begegnungslauf

Deine Familie teilt sich in zwei Gruppen auf. Jede Gruppe sucht sich einen Punkt – einen Baum, einen Stein, eine Bank – etwa 30 Meter von der jeweils anderen Gruppe entfernt. Nun läufst du und ein Mitspieler der anderen Gruppe gleichzeitig aufeinander zu. Wenn ihr euch begegnet, begrüßt ihr euch mit einem Handschlag, kehrt um und lauft schnell auf euren alten Platz zurück.

Tipp: *Dieses Spiel ist auch für kleinere Kinder gut geeignet, da sie eine kürzere Strecke laufen, aber beide genauso lang unterwegs sind.*

Starr wie Eis

Du klatschst gleichmäßig in die Hände und deine Familie läuft in einem großen Kreis um dich herum. Hörst du auf zu klatschen, erstarren alle Mitspieler zu Eis und dürfen sich nicht mehr bewegen. Wer sich als Letzter noch bewegt, klatscht als Nächster.

Tipp: *Dieses Spiel ist auch für Rollstuhlfahrer geeignet.*

Manege frei im Smarties Zirkus!

Tricks aus dem Mitmach-Zirkus für Kinder

Seit zwei Jahren ist der Smarties Zirkus vom Verein Mehr Zeit für Kinder im Sommer auf Tournee. Er soll – ganz im Sinne des Trägervereins – Kindern Raum und Gelegenheit zum Spielen geben. Die Zirkuswelt faszinierte Kinder und Erwachsene schon immer. Und weil alle davon träumen, einmal selbst in der Manege zu stehen, gehört das hier zum Programm. Denn der Smarties Zirkus ist ein Mitmach-Zirkus! Bewegung gehört wie selbstverständlich dazu, denn Artisten tanzen auf dem Seil, jonglieren oder machen gewagte Akrobatik.
Vier Tage gastiert der Smarties Zirkus an jedem Spielort und am letzten Gastspieltag können die Nachwuchsartisten in einer großen Kinder-Gala zeigen, was sie in der Zirkusschule gelernt haben. Dieser besondere Zirkus ist für die Gäste kostenlos, weil Smarties aus dem Hause Nestlé den Verein Mehr Zeit für Kinder unterstützt.

Informationen zu den aktuellen Veranstaltungsorten und den Gastspielterminen gibt es beim Mehr Zeit für Kinder e.V. unter der Telefonnummer 069/15 68 96-0.

An jedem Spieltag wirbeln morgens die Jongleure bei der großen Gala bunte Bälle und brennende Keulen durch die Luft. Ein Fakir durchschreitet Scherbenhaufen und spuckt Feuer, und Trapezkünstlerinnen schwingen sich hoch in die Zirkuskuppel.
Anschließend gehen die Kinder bei den Artisten in die Zirkusschule. Gemeinsam mit den Pädagogen des Vereins Mehr Zeit für Kinder bringen die Akrobaten ihren Zirkusschülern die Künste der Manege bei. Im Hauptzelt, auf der Wiese und in kleineren Nebenzelten üben die Kinder Jonglieren, Seiltanz oder Schminken.
Darüber hinaus können sie den ganzen Tag in den kleineren Zelten der Zirkusstadt malen, basteln oder auf der Wiese rund ums Galazelt mit riesigen Tüchern und Bällen herumtollen.

Zirkusschule im Smarties Zirkus

Viele Übungen und Spiele, die ihr im Smarties Zirkus erlernen könnt, sind zu Hause leicht nachzumachen. Wir stellen euch einige typische Übungen vor, die ihr einfach ausprobieren könnt.

Akrobatenakademie

Wer hoch hinaus will, meldet sich bei Karin und Christine an. Das sind die beiden, die unter dem Zirkusdach am Trapez herumturnen, ohne dass ihnen schwindlig wird.

Hoch hinaus kommt ihr, wenn ihr euch zu einer Menschenpyramide stapelt. Die älteren und kräftigeren von euch sind der Boden der Pyramide. Dazu gehen sie auf allen Vieren. Die Akrobaten in der nächsten Etage knien auf den unteren. Die leichtesten Artisten stellen sich ganz vorsichtig auf die mittlere Etage. Am besten legt ihr, bevor ihr mit der Pyramide beginnt, eine weiche Decke oder ein Oberbett auf den Boden. Wenn die Pyramide zusammenbrechen sollte, fallt ihr nicht so hart. Wichtig: Aufbauen immer von unten nach oben, abbauen von oben nach unten.

Eine andere schöne Akrobatiknummer ist die Doppelrolle. Ein Kind legt sich dazu auf einer weichen Matte auf den Rücken und hebt die Beine hoch. Ein zweites Kind stellt sich mit den Füßen rechts und links neben den Kopf des Partners. Nun umfassen beide die Knöchel des anderen. Das untere Kind winkelt die Beine an, das obere Kind springt nach vorne und macht dabei eine Rolle vorwärts. Wenn sich das untere Kind mit den Armen vom Boden abdrückt, ohne dabei die Knöchel des Partners loszulassen, ist es nun selbst oben.

Jonglieren

Bei Frank und Markus sieht das Jonglieren so leicht aus! „Ihr glaubt bestimmt, das kriegt ihr nie hin, oder?", fragt Frank. Aber in der Zirkusschule lernt ihr bei ihm ein paar Tricks. Zum Beispiel, wie man mit drei Bällen jongliert. Wer will, kann zu Hause schon einmal üben:

Stell dir vor, du würdest auf jedem deiner kleinen Finger einen Besenstiel mit einem Korb obendrauf balancieren. Dann nimmst du einen Ball, und wirfst ihn aus der linken Hand durch den rechten Korb. Mit rechts fängst du ihn. Dann andersrum zurück.

Wenn du das geübt hast, kannst du zwei Bälle nehmen, in jede Hand einen. Wirf den rechten Ball durch den linken Korb. In dem Augenblick, in dem der Ball den linken Korb berührt, wirf den linken Ball zum rechten Korb. Und fang sie beide auf!

Jetzt kannst du es mit drei Bällen versuchen: In der rechten Hand liegen zwei Bälle, einer abwurfbereit auf Zeige- und Mittelfinger. Wirf ihn hoch. Wenn der erste Ball den linken Korb berührt, wirf den linken Ball zum rechten Korb. Jetzt ist die linke Hand wieder frei und kann den ersten Ball fangen. Gleichzeitig berührt der zweite Ball schon den rechten Korb, und du wirfst mit rechts den dritten Ball. Wenn der dritte Ball den linken Korb berührt, wirfst du wieder den ersten ... und so weiter. Alles eine Frage der Übung. Nur nicht die Geduld verlieren!

Zaubern

Eigentlich verraten Magier ihre Tricks nicht. Aber Aditya und Freddy machen in der Zauberschule eine Ausnahme. „Den Trick mit dem Wunderspiegel könnt ihr auch zu Hause nachmachen", verrät Aditya.

Du nimmst einen Bierdeckel und klebst einen Stiel aus festem Karton dran. Jetzt pappst du auf jede Seite des Bierdeckels eine Scheibe aus schwarzem, rauem Tonpapier – etwas kleiner als der Bierdeckel, denn außen malst du mit Wasserfarbe einen Spiegelrahmen. Fertig ist der Handspiegel.

In eine Schachtel füllst du das Zauberpulver (Mehl).

Vor deinem Auftritt malst du mit dem Ende einer weißen Wachskerze ein lustiges Gesicht auf deinen Spiegel. In der Vorstellung zeigst du dem Publikum die leere Fläche: Das Wachs sieht man nicht.

Du suchst dir jemanden aus dem Publikum und behauptest, du könntest sein Gesicht mit deinem Zauberpulver auf dem Spiegel sichtbar machen.

Dann betupfst du den Spiegel mit einem Pinsel voll Zauberpulver. Dabei rollst du geheimnisvoll mit den Augen und murmelst den Zauberspruch:

„Virgo, schmirgo, plock, plock, plock – gleich kriegt's Mondgesicht 'nen Schock".

Und schon erscheint auf magische Weise ein Gesicht.

Clownschule

Zu jedem Zirkus gehören Clowns. Bei Heinz und Jörg in der Clownschule lernt ihr lauter witzige Clownsnummern. „Damit lachen sich alle über euch schlapp!", grinst Heinz. Kennt ihr das, wenn sich zwei Clowns schallende Ohrfeigen geben? Dabei tun sie sich nicht wirklich weh. Und das geht so:

Zwei Clowns stehen sich gegenüber. Clown 1 tut so, als ob er dem anderen eine Ohrfeige gibt. Genau in dem Moment, wenn Clown 1 seine Hand kurz vor der Wange von Clown 2 stoppt, klatscht Clown 2 in die Hände. Jetzt muss Clown 2 natürlich eine große Show machen, wie weh ihm seine Wange tut.

So ähnlich funktioniert es, wenn sich Clowns gegenseitig in den Po treten.

Clown 1 steht breitbeinig, Clown 2 tut so, als ob er Clown 1 kräftig in den Po tritt. In Wirklichkeit berührt er Clown 1 nur leicht und klatscht sich selbst mit der Hand auf den Po, damit sich der Tritt laut anhört. Clown 1 stolpert nach vorne und hält sich „vor Schmerzen" seinen Po. Wenn einer auf dem Bauch liegt, könnt ihr ihn auch am Po hochziehen. Clown 1 liegt auf dem Bauch. Clown 2 will ihm hochhelfen, gibt das Kommando „Und hepp!" und zieht ihn am Hosenboden in die Höhe, bis Clown 1 wie eine Schildkröte auf allen Vieren steht. Für Clown 2 ist das nicht anstrengend, weil Clown 1 unsichtbar mithilft beim Aufstehen. Wenn Clown 2 wieder loslässt, plumpst Clown 1 übertrieben zurück zu Boden.

Schminken

Für das Rampenlicht in der Manege braucht ihr ein geschminktes Gesicht. „Das nennt man bei den Artisten Maske, auch wenn diese nur aus Farbe, Wasser und Fett besteht", erklärt Geraldine.
Sie benutzt Nassschminke, weil ihr sie ganz einfach mit Wasser und Seife wieder abkriegt. Nassschminke gibt es in Drogerien und Fachgeschäften für Theaterbedarf.
Zum Malen benutzt Geraldine die Finger, einen Pinsel oder einen Schwamm. Für ganz feine Linien nimmt sie Kajal-Stifte.

Gala im Zirkus „Zu Hause"

Nach eurem Ausflug in die bunte Welt des Smarties Zirkus seid ihr fast schon kleine Artisten. Übt doch einfach für eure eigene Gala im Wohnzimmer, bei Freunden oder im Garten. Wie ihr euch mit einfachen Tricks in Akrobaten, Clowns, Jongleure oder Zauberer verwandelt, wisst ihr nun ja ...

Wasserspaß

Vom Luftanhalten, Abtauchen und anderen Wasserspielen

Wasser als neue Erfahrung, sozusagen als neues Element, kann gerade auf Kinder in den ersten Lebensjahren eine große Faszination ausüben. Dass die Kinder mit und im Wasser Spaß haben, ist dabei sehr wichtig. Erreichen können Sie das, indem Sie Ihr Kind mit dem Wasser vertraut machen und es langsam an das nasse Element gewöhnen. Ob Ihr Kind sich später im Wasser wohl und sicher fühlen wird oder nicht, hängt entscheidend von seinen ersten Erfahrungen damit ab.
Läuft Ihrem Kind während des Haarewaschens öfter mal Seife oder Schaum in die Augen, dann verliert es vielleicht die Lust und somit auch den Spaß am Wasser – es wird wasserscheu. Was Sie als Eltern tun können, damit Ihr Kind gerne im Wasser spielt und Spaß am Baden hat, lesen Sie auf den folgenden Seiten.

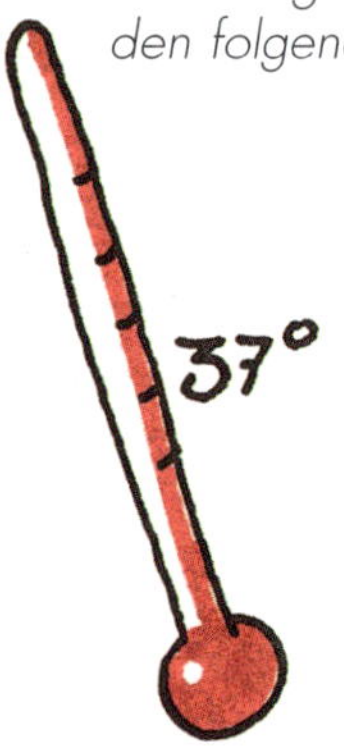

Wasser ist nicht nur zum Waschen da ...

Wahrscheinlich erlebt Ihr Kind Wasser zum ersten Mal in der Badewanne. Die Wassertemperatur sollte etwa bei 37° – das entspricht der Körpertemperatur – liegen.

Tipp: *Lassen Sie circa 10 cm Wasser in die Wanne und setzen Sie Ihr Kind anschließend hinein. Nun kann das Wasser weiter in die Wanne laufen, aber nicht höher als bis zur Brust des Kindes. So kann der Druckanstieg des Wassers auf den Körper langsam erfahren werden.*

Besonders viel Spaß macht's dann, wenn Mama oder Papa mitbaden. Das Ganze sollte immer als Spiel verstanden werden. Mit Lob, Geduld und Anerkennung vermitteln Sie Ihrem Kind Freude am Wasser.
Das Quietschentchen, der tolle rote Ball oder die neue Puppe dürfen dabei natürlich nicht fehlen. Lustig wird's auch, wenn Papa mal den Ball aus der Badewanne hüpfen lässt.

Seife ist ungeeignet zum Spielen, da kleine Kinder manchmal das Badewasser trinken, wenn Sie nicht aufpassen.
Grundsätzlich gilt bei den ersten Erfahrungen mit Wasser:
loben statt toben!

Halt mal die Luft an!

Damit Ihr Kind sich im Wasser sicher bewegen kann, ist es wichtig, dass es übt, die Luft anzuhalten. Sie können Ihrem Kind immer wieder zeigen, wie man die Luft anhält und wieder ausatmet.

Wenn man im und unter Wasser mit normal geöffnetem Mund ausatmet, kann leicht Wasser in den Mund gelangen. Deswegen ist es wichtig, beim Ausatmen den Mund spitz zu machen.

Mit einem kleinen Spiel üben Sie mit Ihrem Kind, wie man richtig Luft anhält. Zünden Sie eine Kerze an und stellen Sie sie vor Ihr Kind. Auf die Plätze, fertig, los: Die Luft anhalten, während Mama oder Papa laut und langsam bis zehn zählt. Bei zehn oder jeder anderen vorher ausgemachten Zahl lassen Sie Ihr Kind die Kerze mit spitzem Mund ausblasen.

Abtauchen

Die ersten Tauchspiele erfolgen in der Badewanne. Ihr kleiner Taucher kniet sich in die Wanne und hält sich mit beiden Händen am Wannenrand fest. Erklären Sie Ihrem Kind, dass es ganz normal einatmen soll, dann die Luft anhält und seinen gespitzten Mund ins Wasser taucht. Erst hält es den Mund kurz und dann immer länger unter Wasser. Ermutigen Sie es, seinen Kopf irgendwann einmal ganz einzutauchen.

Bei Kindern mit längeren Haaren ist eine Badekappe nützlich, denn die langen Haare versperren die Sicht.

Sie können die Stimmung lockern und die Motivation Ihres Kindes steigern, indem Sie Geschichten von Wasserbewohnern erzählen: vom kleinen Entlein, das so gerne nach leckeren Algen gründelt, oder vom Froschkönig, der auf dem Grund seines Teiches die Perlen zählt. Wenn Ihr Kind Spaß an den ersten Spielereien im Wasser hat und sich sicher fühlt, kann es versuchen, unter Wasser auszuatmen. Sie können es ermutigen, die Luft anzuhalten, im Wasser auszuatmen und den Kopf wieder herauszunehmen. Das nächste Spiel kann sein, dass Ihr Kind nur durch den Mund ausatmet und sich dabei die Nase zuhält. Oder es prustet nur durch die Nase die Luft heraus oder sogar durch Mund und Nase gleichzeitig. Witzig sind dabei die Geräusche: man gurgelt und schnauft und gluckert – wie ein Nilpferd beim Waschen im Fluss. Mit Bildern wie diesem im Kopf werden die Wasserspiele noch unterhaltsamer.
Ihr Kind soll spielerisch erfahren: Das Wasser trägt mich und ich kann mich unter Wasser aufhalten, ohne davon schlucken zu müssen.

Ganz wichtig ist es, niemals kurz vor dem Tauchen längere Zeit ganz tief ein- und auszuatmen, da man sonst unter Wasser ohnmächtig werden kann.

Bunte Unterwasserwelt

Mit dem nächsten Spiel können Sie beginnen, wenn Ihr Kind die Luft unter Wasser anhalten kann und sich im Wasser wohl und geborgen fühlt. Legen Sie farbige Gegenstände, die Ihr Kind faszinieren, auf den Wannenboden. Nun taucht Ihr Kind und versucht, die Gegenstände zu sehen.

Nehmen Sie einen Holzstab mit Gummisaugnapf, wie man ihn für verstopfte Abflüsse benutzt. Lassen Sie ihn sich am Wannenboden festsaugen. Ihr Kind kann sich bei seinen ersten Tauchversuchen prima daran festhalten – der Stock im Wasser vermittelt ihm zusätzlich Sicherheit.

Wenn sich Ihr Kind über brennende Augen beklagt, erklären Sie ihm, dass das nicht schlimm ist. Manchmal ist das Tauchen am Anfang unangenehm, weil das Wasser auf die Augen drückt. Das ist ein ungewohntes Gefühl. Sagen Sie Ihrem Kind dann, dass es die Augen erst unter Wasser öffnen soll.

Pack die Badehose ein

Wenn Sie mit Ihrem Kind zum ersten Mal ins Schwimmbad gehen, nehmen Sie Schwimmflügel mit. Lassen Sie Ihr Kind im Wasser einfach drauflos paddeln. Werfen Sie ihm einen kleinen Ball zu oder tauchen Sie unter ihm durch – es findet vielleicht Spaß an diesen kleinen Spielchen. Wenn Ihr Kind sich in der „großen Badewanne" sicherer fühlt, können Sie weitere Spiele machen.

Wasserlokomotive

Mehrere Kinder mit Schwimmflügeln halten sich an den Schultern fest und werden vom Lokführer – Ihnen oder einem anderen Erwachsenen – gezogen.

Seestern

Mindestens drei Kinder stehen im Schwimmbecken und geben sich im Kreis die Hände. Zwischen jedem Kind sollte zur Sicherheit ein Erwachsener stehen. Jetzt versuchen die Kinder, ihre Beine so zur Wasseroberfläche zu strecken, dass sich die Füße in der Mitte des Kreises berühren.

Springen vom Rand erlaubt

Lassen Sie Ihr Kind zuerst vom Beckenrand und später vom Block ins Wasser hüpfen. Zuerst geben Sie ihm beide Hände, später springt es vielleicht ohne Ihre Hilfe oder gemeinsam mit Freundin oder Freund. Wenn Ihr Kind mit Freude ins Wasser springt, können Sie es zum ersten Kopfsprung führen. Lassen Sie Ihr Kind am Beckenrand so knien, dass die beiden geschlossenen Knie etwa Handbreit über den Rand gucken und das Kind mit dem Po auf den Fersen sitzt.
Den Kopf legt es so zwischen die Arme, dass die Oberarme an den Ohren anliegen. Halten Sie die beiden Ellenbogen fest und ziehen Sie langsam, leicht und vorsichtig den Oberkörper Ihres Kindes nach vorne, um es dann langsam ins Wasser gleiten zu lassen. Sie können diesen Bewegungsablauf auch an Land mit Purzelbäumen üben.

Einen Bauchplatscher vermeidet Ihr kleiner Springer, wenn er den Kopf zwischen den Oberarmen hält und ihn nicht hochnimmt.

Spiele im flachen Wasser

Segelregatta

Jedes Kind braucht einen Tischtennisball – die Zahl der Mitspieler ist dabei unbegrenzt. Die Kinder legen den Ball vor sich aufs Wasser. Auf Kommando versuchen alle, ihren Ball so schnell wie möglich ans Ziel – zum Beispiel den anderen Beckenrand – zu pusten.

Römisches Wagenrennen

Mindestens sechs Mitspieler sind nötig. Jeweils zwei stellen sich als Wagen nebeneinander und falten die Hände auf dem Rücken. Ein dritter steigt als Wagenlenker auf ihre Hände und hält sich an den Schultern der beiden fest. Die Wagen rennen um die Wette zum anderen Beckenrand. Welcher Wagen ist als Erster am Ziel?

Reiterkampf

Beliebig viele Paare kämpfen gegeneinander, indem sie versuchen, den gegnerischen Reiter mit fairen Mitteln vom „Pferd" zu holen. Der Reiter setzt sich einfach auf die Schultern eines Freundes oder einer Freundin, und los geht's.

Reiterball

Warum eigentlich immer gegeneinander kämpfen? Alle Spieler können genauso gut versuchen, sich vom „Pferd" aus einen Ball zuzuwerfen.

Fliegender Fisch

Zwei Reihen Kinder stehen einander im hüfttiefen Wasser gegenüber und geben sich jeweils zu zweit überkreuzt die Hände. Ein mutiger kleiner Fisch begibt sich am Anfang der Gasse in Bauchlage und wird von den anderen nach vorn gewippt. Mit dem letzten Wipper lernt der kleine Fisch dann das Fliegen ...

Hopp und blubb

Zwei Spieler stellen sich im Abstand von etwa zwei Metern hintereinander auf. Der erste steht in Bockstellung und der zweite mit gegrätschten Beinen. Ein dritter hüpft nun über den Bock und taucht gleich anschließend durch die Beine des anderen. Dieses Spiel kann auch mit zwei Mannschaften als Wettrennen oder Staffel gespielt werden.

Bobfahren

Viele Kinder setzen sich am Beckenrand hintereinander und halten sich am Vordermann fest. Nun geht der Bob von einer in die nächste Kurve, wobei sich alle immer schön mit in die Schräge reinlegen – bis eine Kurve zu steil ist und der ganze Bob mit allen ins Wasser plumpst.

Spiele für unterwegs

Jeder, der mit seinen Kindern schon einmal längere Zeit im Auto unterwegs gewesen ist, kennt die Situation: Die Kinder quengeln, der eigene Rücken tut weh und das Reiseziel liegt noch in weiter Ferne. Kleine Bewegungspausen zwischendurch sind da genau das Richtige. Weil Spiel- und Klettergeräte an Rast- und Parkplätzen immer noch die Ausnahme darstellen, müssen Eltern und Kinder sich selbst etwas einfallen lassen. Hier einige Spiel- und Bewegungsvorschläge, die wenig Material und Raum benötigen und gut im Freien durchgeführt werden können. Selbstverständlich sollte man dabei weit genug von der Fahrbahn und von parkenden Autos entfernt sein.

Koffer packen

Wer auf Reisen geht, muss zunächst seinen Koffer packen. Eltern und Kinder überlegen gemeinsam, was alles für einen Urlaub hineingehört und wie man es mit Bewegung darstellen kann. Hier einige Beispiele:

- Schwimmflügel: mit den Armen schwimmen
- Schuhe: auf den Boden stampfen
- Spielzeug: wie ein Hampelmann springen
- Socken: im Stehen Füße abwechselnd zum anderen Knie führen
- Sonnencreme: Arme und Gesicht eincremen
- und, und, und ...

Besonders viel Spaß macht es, wenn eine kleine Bewegungsgeschichte hinzukommt. Immer wenn ein Gegenstand genannt wird, muss die entsprechende Bewegung durchgeführt werden. Der Text dazu könnte folgendermaßen lauten:

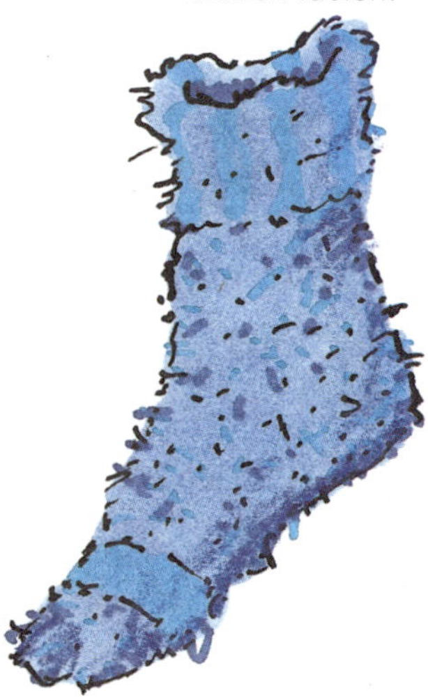

Wir fahren heute in Urlaub und haben unseren Koffer noch nicht gepackt. Das Wichtigste sind die Schwimmflügel, weil wir ohne sie nicht ins Wasser dürfen. Aber auch die Sonnencreme muss mit, damit wir unsere Haut vor Sonne schützen. Nachdem wir Schwimmflügel und Sonnencreme eingepackt haben, bleibt sogar ein wenig Platz für Spielzeug. Für jeden Tag noch ein Paar frische Socken und die neuen Sandalen von Oma. Aber was ist denn das? Die Socken haben ja ein Loch! Dann nehmen wir vielleicht doch besser noch unsere Wanderschuhe mit, damit man das Loch in den Socken nicht so sieht. Für die Wanderschuhe brauchen wir aber viel Platz im Koffer. Am besten packen wir noch mal alles aus: Schwimmflügel, Sonnencreme, das Spielzeug und die Socken.

Fang den König

Ein Kind oder ein Elternteil wird zum König und ist an seiner aufgesetzten Mütze oder auch an einem Haarband oder einem Tuch zu erkennen. Der König bestimmt, wie sich seine „Untertanen" fortbewegen dürfen, indem er eine Bewegung vormacht, die alle anderen nachmachen.

Zum Beispiel

- mit beiden Beinen hüpfen wie ein Känguru
- springen wie ein Frosch
- auf den Zehenspitzen gehen wie ein Riese
- auf den Fersen gehen mit durchgedrückten Knien und angespanntem Po wie ein Pinguin
- wie ein Elefant mit der rechten Hand an die Nase fassen und den linken Arm als Rüssel hindurchstrecken.

Da jeder „Untertan" auch einmal bestimmen will, versucht nun jeder, den König zu fangen, um dann anschließend selbst König zu werden.

Pausen mit Biss

Bewegung macht hungrig. Reisen auch. Nutzen Sie die Stopps während einer Fahrt auch dazu, Energie zu tanken. Nehmen Sie sich die Zeit für ein kleines Picknick mit Essen und Trinken, das leicht ist und den Magen nicht zu sehr belastet. Empfehlenswert sind Snacks mit Rohkost wie Möhren, Paprika oder Gurke, Obst in sämtlichen Varianten und Vollkornbrot oder -brötchen. Denken Sie jedoch daran, dass gerade bei hohen Temperaturen im Wagen der Belag von Brot und Brötchen schnell zu schmelzen oder zu schwitzen beginnen kann. Wenn Sie keine Kühlbox dabei haben, eignet sich für unterwegs beispielsweise eine Minisalami wie Bi-Fi, die in ihrer Originalverpackung auch ungekühlt über längere Zeit haltbar ist. Oder nehmen Sie Käse am Stück mit, der erst am Rastplatz aufgeschnitten und zum Brot dazu gegessen wird.

Natur tut gut

Der Wald als Erlebnisraum

Der Aufenthalt im Wald ist für Kinder jeden Alters attraktiv und spannend, weil der Wald sie auf vielfältige Weise zu Bewegung und Entdeckungen auffordert.
Baumstämme laden zum Balancieren ein, Steilhänge wollen erklommen, Bäche übersprungen und Bäume oder Jägerstände erklettert werden.
Ein Spaziergang im Wald erfrischt Kinder und Erwachsene, auch deshalb, weil die Sinne herausgefordert und in Anspruch genommen werden: Die Kinder hören die Vögel zwitschern, laufen über Stock und Stein, riechen den Geruch von Harz oder Pilzen, sehen das Licht zwischen den Baumkronen schimmern und spüren die Zweige an den Armen.
Der Wald hat Kindern jedoch weit mehr zu bieten als Bewegungsherausforderungen und sinnliche Erfahrungen. Sie können auch die Rhythmen und Prozesse in der Natur erleben: den Wandel der Jahreszeiten, das Wachsen der Pflanzen und das Leben der Tiere. Pflanzen und – mit etwas Glück – auch Tiere und ihre Spuren lassen sich beobachten und bestaunen. Stöcke, Steine, abgefallene Blätter und andere Naturmaterialien können die Kinder zum Spielen und Basteln mit nach Hause nehmen. Vielleicht finden Sie und die Kinder in der Stille des Waldes etwas Ruhe und Abstand vom oft hektischen Alltag. Dieses und vieles andere mehr macht den Wald zu einem attraktiven Erlebnisraum für Kinder – und Erwachsene.
Wichtig ist es jedoch, dass Sie die Kinder nicht mit zu langen Wegstrecken überfordern und dass Sie ihnen Zeit lassen: Zeit zum Entdecken, Zeit zum Experimentieren und Zeit, sich zu bewegen.

Baumstamm

Am Wegesrand liegt im Wald oft ein langer Baumstamm. Bestimmt bist du schon mal wie ein Artist darüber balanciert. Aber mit so einem Baumstamm kannst du noch viel mehr machen:

Aneinander vorbei

Steig mit deinen Freunden und deinen Eltern auf den Baumstamm. Steht ihr jetzt in einer Reihe? Versucht, euch neu aufzustellen – nach Haarfarbe, Schuhgröße, Geburtsmonat – ohne den Baumstamm zu verlassen. Kleiner Tipp: Es geht einfacher, wenn ihr euch dabei helft!

Baumtelefon

Nimm einen Stock und schabe oder klopfe leicht am Ende eines Baumstammes. Wenn dein Freund sein Ohr an das andere Ende des Baumstammes hält, kann er deine Signale hören. Holz leitet die Geräusche weiter, selbst wenn der Stamm sehr lang ist. Du glaubst es nicht? Dann hör selbst hin!

Alle auf einen Baumstumpf

Sicherlich hast du dich schon mal auf einen Baumstumpf gestellt. Kinderleicht, sagst du? Dann versuch einmal, dich mit all deinen Waldfreunden auf den Stumpf zu stellen, ohne dass einer hinunterfällt! Ihr seid nur ganz wenige? Dann versucht, wie die Störche nur mit einem Bein auf dem Stumpf zu stehen!

Das große Suchen

Viele schöne Sachen im Wald findest du nur, wenn du genau hinschaust. Auf einer Suchexpedition wirst du viele kleine Geheimnisse entdecken. Dabei hilft dir die Suchliste:

1. Ein Stock mit Pickeln (das sind die Pilze, die das Holz zersetzen)

2. Zehn Nadeln eines Nadelbaumes

3. einen Samen

4. ein angefressenes Blatt

5. etwas, das für die Jahreszeit typisch ist

6. sieben verschiedene Farben

7. ein angenagter Zapfen (aber nicht selber anknabbern)

8. etwas, das zu dir passt

9. ein Laubblatt aus dem letzten Jahr

10. ein Bodentier (wieder frei lassen)

Bestimmt hast du selbst gute Ideen, was man im Wald noch alles suchen kann. Dann kannst du dir vor dem nächsten Waldbesuch eine eigene Suchliste machen.

Kamera

Ihr seid in einem schönen Wald und habt keine Kamera dabei? Bei diesem Partnerspiel könnt ihr auch ohne Fotoapparat tolle Waldaufnahmen machen. Überlegt euch, wer zuerst Kamera und wer zuerst Fotograf sein möchte.
Die Kamera schließt die Augen und wird vom Fotografen an eine besonders schöne Stelle geführt. Dort tippt der Fotograf auf den Auslöser (das Ohrläppchen oder die Nasenspitze) und die Kamera darf die Augen öffnen. Nach zehn Sekunden tippt der Fotograf wieder auf den Auslöser und die Kamera schließt erneut die Augen. Wechselt die Rollen, wenn ihr fünf schöne Fotos geknipst habt. Vielleicht erzählt ihr den anderen, was auf euren Fotos drauf ist.

Tipp: *Aufnahmen, die direkt vor der Nase der Kamera gemacht werden, könnt ihr vorher mit „nah" oder „makro" ankündigen. Bei Aufnahmen in die Ferne könnt ihr vorher „fern" oder „tele" sagen.*

Spiele mit verbundenen Augen

Bevor ihr diese Spiele spielt, noch ein paar wichtige Hinweise:

1. Treibe keinen Schabernack mit deinem Partner! Er vertraut sich dir an und du willst doch sicher nicht sein Vertrauen enttäuschen, oder?
2. Führe deinen Partner so, dass du ihn notfalls auffangen kannst, wenn er stolpert. Gut führen kann man übrigens am Handgelenk oder an der Schulter.
3. Achte darauf, dass sich dein Partner nicht verletzt! Gut geeignet sind Waldstücke ohne Unterholz und Bodenbewuchs. Meide auch Brombeeren und Brennnesseln!

Die blinde Raupe

Verbinde deinen Freunden in einem Waldstück die Augen und stelle sie hintereinander auf. Alle legen ihre Hände auf die Schultern des Vordermannes. Nun führst du die blinde Raupe durch die Natur. Lass sie über verschiedene Untergründe wie Moos, Laub, Steine oder einen Baumstumpf laufen. Wo es etwas Interessantes zu fühlen, hören oder riechen gibt, kannst du die Raupe darauf aufmerksam machen. Nach einer Weile nehmen sich alle Mitspieler die Augenbinde ab und du lässt sie den Weg zurück finden.

Einem Baum begegnen

Verbinde deinem Partner die Augen und führe ihn an einen Baum. Die Aufgabe besteht darin, sich den Baum mit den Händen vertraut zu machen. Du kannst ihm dabei helfen, indem du ihm Fragen stellst, wie zum Beispiel: Ist die Rinde glatt oder rissig? Wie dick ist der Stamm? Gibt es Äste, Narben, Verwundungen? Kannst du Pflanzen finden, die an seinen Wurzeln wachsen? Wenn dein Partner meint, den Baum zu kennen, führe ihn vom Baum weg. Du kannst ihn auch einmal um die Achse drehen oder über imaginäre Baumstämme steigen lassen. Nun nimm ihm die Augenbinde ab und lass ihn „seinen" Baum wiederfinden.

Tipp: *Sucht euch anfangs ein Gelände mit Bäumen verschiedener Arten und unterschiedlichen Alters.*

Sonntagsspaziergang ohne Langeweile

Zapfenlauf

Such dir einen Zapfen und eine Astgabel. Leg den Zapfen auf die Astgabel und versuche, ihn so lange wie möglich vor dir herzutragen, ohne dass er hinunterfällt. Wenn ihr zu mehreren seid, könnt ihr ja einen Zapfenwettlauf machen.

Waldartist

Such dir einen nicht zu schweren Stock. Gelingt es dir, ihn auf der Innenfläche deiner Hand zu balancieren? Wenn das für dich ein Kinderspiel ist, versuch es einmal auf dem Zeigefinger.

Honig und Eis

Schwups, plötzlich ist der Waldweg ganz aus Honig! Oh, wie das klebt! Stell dir vor, wie du jetzt durch den Honig gehst: Langsam und schwer werden deine Bewegungen … Da gefriert auf einmal der Boden und der Weg ist voller Eis! Auf Glatteis musst du ganz vorsichtig gehen, damit du nicht ausrutschst.
Wenn ihr zu mehreren seid, könnt ihr abwechselnd bestimmen, wie der Waldweg nun aussieht. Ihr ruft einfach „Honig" oder „Eis". Probiert es auch mal mit „Dschungel", „Sandsturm", „Rückenwind" oder was euch sonst noch einfällt.

Rührmichnichtan

Im August findest du oft am Wegrand das Kleine Springkraut. Im Volksmund heißt es auch „Rührmichnichtan". Denn jedesmal, wenn du eine reife Samenkapsel berührst, springt die Kapsel auf und schleudert ihre Samen fort. Ob du wohl jedes Mal zurückschreckst, wenn die Kapsel aufspringt? Ein wahrer Artist bist du übrigens, wenn es dir dabei gelingt, den Samen aufzufangen!

Werkstatt für die Sinne

*In der Sinneswerkstatt könnt ihr den Wald ganz neu sehen.
Aber ihr müsst vorher einige Sachen besorgen:*

Klorollen

Zwei Klorollen haltet ihr euch wie ein Fernglas vor die Augen und schon ist die Forscherbrille fertig. Schaut euch erst einmal die nahe, dann die ferne Umgebung an. Sucht euch dabei ein schönes Bild! Versucht jetzt, mit der Brille zu laufen!

Farbfolien

Mit farbigen Brillen sieht die Welt ganz anders aus! Der Wald bekommt eine andere Stimmung, wenn ihr die Farbfolien vor eure Augen haltet. Mit der richtigen Folie könnt ihr sogar die Wolken „rosarot" sehen. Übrigens: Bei tristem Wetter bewirken gelbe Folien echte Stimmungswunder.

Spiegellauf

Schaut ihr im Wald auch meistens auf den Boden? Mit einem Taschenspiegel oder einer Spiegelfliese könnt ihr auch die oberen Stockwerke des Waldes betrachten, ohne euch den Hals zu verrenken. Haltet euch den Spiegel waagrecht vor die Nase. Stellt euch dann in einer Schlange auf, sodass ihr im Spiegel sowohl euren Vordermann als auch das Walddach sehen könnt. Der erste in der Schlange hat keinen Spiegel. Er führt die anderen ungefähr fünfzig Schritte durch den Wald.
Am schönsten ist der Spiegellauf, wenn ihr unter Ästen hindurch lauft und auch den freien Himmel sehen könnt!

Mit dem Frosch am Wasser

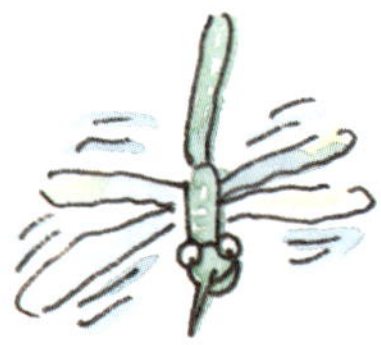

Eines der vielseitigsten Erfahrungs- und Bewegungsfelder in der Natur ist für Kinder ein natürliches Gewässer. Hier gibt es ständig etwas Neues zu sehen: Fische, Frösche und fliegende Bewohner, aber auch die unterschiedlichsten Pflanzen.
An einem See, am Bach oder in der Nähe eines Teiches kann man den Fröschen und Libellen lauschen oder die Bewegung des Wassers als Wellen oder Strömung fühlen. Alle Sinne werden angesprochen. Staudämme bauen, Rindenboote zu Wasser lassen oder vielleicht sogar einen Fisch angeln: Auch das können Sie und Ihre Kinder tun und den Lebensraum Wasser dabei als Bewegungsfeld erleben.
So abwechslungsreich dieser Lebensraum ist, so verletzlich ist er auch. Auch für uns ganz alltägliche Handlungen wie Wäschewaschen, Putzen und Geschirrspülen greifen in den sensiblen Lebensraum ein. Dabei ist es leicht, umwelt- und wasserschonend zu reinigen. Hierzu der Präsident des Naturschutzbundes (NABU), Jochen Flasbarth: „Unter den Firmen, die ökologische Reinigungsprodukte anbieten, zeichnet sich Frosch durch sein besonderes Umweltengagement aus. In Zusammenarbeit mit uns entwickelt Frosch Tipps und Aktionen zum Schutz der Umwelt".
Bewegungsspiele im und am Wasser machen nicht nur Spaß. Sie informieren Kinder und Erwachsene über diesen Lebensraum und sensibilisieren sie für die besondere Schutzbedürftigkeit der Tiere und Pflanzen dort. Grundsätzlich sollten besonders kleinere Kinder und Nichtschwimmer nie unbeaufsichtigt am Wasser spielen.

Wasser sammeln

- *für beliebig viele Mitspieler*
- *Wasser könnt ihr an Teichen oder Seen sammeln*

Von zu Hause bringt ihr mit:

- *Becher, Eimer oder Gläser gleicher Größe für jeden Mitspieler*

Stellt euch vor, ihr seid ein Frosch und müsst Wasser in einem Gefäß sammeln. Dazu könnt ihr das Gefäß natürlich nicht einfach in den Teich tauchen. Versucht wie ein Frosch das Wasser mit den Händen in euer Gefäß zu schütten. Wer seinen Becher zuerst gefüllt hat, gewinnt.

Fröschlein

~ *für beliebig viele Mitspieler*

Zuerst bestimmt ihr einen Spielleiter, das Fröschlein. Dieser gibt Anweisungen, die von den anderen befolgt werden. Allerdings müssen gültige Anweisungen immer mit „Fröschlein hat gesagt..." beginnen. Anweisungen können sein: „Ihr sollt hüpfen wie ein Frosch", „stelzen wie ein Storch", „krabbeln wie eine Spinne". Lasst euch einfach von den Tieren am Wasser inspirieren.

Die Ratefrösche

~ *für beliebig viele Mitspieler*
~ *Ratefrösche leben an Flüssen oder Bächen*

Bildet zwei Gruppen. Danach teilt ihr euch auf zwei Abschnitte eines Baches oder Flusses auf. Lauft an eurem Abschnitt entlang und horcht auf die Geräusche des Wassers. Fünf Orten mit unterschiedlichen Geräuschen gebt ihr einen Namen (wie „Donnergrollen" für sehr tiefe glucksende Laute). Merkt euch die Stellen und schreibt die Namen dazu auf.
Jetzt treffen sich die beiden Gruppen wieder und eine Gruppe wird zur Gruppe der Ratefrösche. Den Ratefröschen liest die andere Gruppe die Namen der ausgewählten Orte vor. Diese Stellen müssen die Ratefrösche dann am Ufer finden. Danach versucht es die andere Gruppe. Wer hat wohl die meisten Übereinstimmungen?

Frösche fangen

~ *für beliebig viele Mitspieler*

Von zu Hause bringt ihr mit:
~ *1 Tuch je Mitspieler*

Jeder Frosch steckt sich ein Tuch hinten in den Hosenbund und schon kann es losgehen. Die Spieler versuchen, einem anderen Frosch das Tuch abzunehmen. Dabei dürfen alle natürlich nur hüpfen und laut quaken wie Frösche. Wer kein Tuch mehr hat, scheidet aus. Das Spiel endet, wenn nur noch ein Frosch übrig ist.

Auszeit

Entspannung mit Kindern

Von einem Termin zum nächsten hetzen – kurz Luft holen und wieder weiter. Die Anforderungen, die Beruf und Familie an Eltern stellen, lassen uns manchmal ganz schön aus der Puste kommen. Hektik und Stress bestimmen den Tag und abends, wenn die lieben Kleinen endlich schlafen, wird zum Abschalten der Fernseher angeschaltet.
Leider geht es unseren Kindern oft nicht viel besser als uns. Zur Belastung durch Kindergarten, Schule, Verkehr und die Massenmedien kommt ein wichtiger Stressfaktor hinzu: Das gutgemeinte Bemühen, unseren Kindern möglichst viel Abwechslung zu bieten und sie in ihrer Entwicklung zu fördern, beschert schon den Kleinsten einen vollen Terminkalender. Nach dem Kindergarten oder der Schule geht es mit den Sprösslingen zur musikalischen Früherziehung, zum Kinderschwimmen oder zum Fußballverein. Jeder Nachmittag ist verplant mit an sich sinnvollen Aktivitäten, die für die Entwicklung von Kindern wichtig sind.

~ *Aber haben nicht auch Sie manchmal das Gefühl, dass Ihr Kind gar keine Zeit mehr hat, zur Ruhe zu kommen?*

~ *Dass es frei von allen Terminen einmal nichts tun oder einfach „nur" spielen sollte?*

~ *Klagt Ihr Kind vielleicht häufig über Kopf- oder Bauchschmerzen?*

~ *Oder hat es Probleme, sich zu konzentrieren und einzuschlafen?*

Ängste, Schmerzen und Depressionen – das alles können Anzeichen dafür sein, dass das für unsere Gesundheit wichtige Gleichgewicht von Spannung und Entspannung, Stress und Ruhe gestört ist – auch bei Kindern. Nach Schätzungen leiden etwa 15 Prozent der Kinder an solchen Störungen.

Oasen der Ruhe schaffen

Ermöglichen Sie sich und Ihrem Kind kleine Auszeiten – jeder für sich alleine oder noch besser gemeinsam. Für eine gemeinsame Ruhezeit ist es wichtig, dass auch Sie selbst abschalten und Haushalt und Beruf einmal hinter sich lassen. Kinder sind sehr sensibel und spüren, wenn Sie nicht entspannt sind. Ihre Unruhe überträgt sich dann auf Ihr Kind. Probieren Sie aus, welcher Zeitpunkt für eine Entspannungsstunde besonders günstig ist – nach dem Kindergarten oder der Schule, vor den Hausaufgaben oder im Rahmen Ihres Zu-Bett-Geh-Rituals. Stellen Sie Ihr Telefon ab und machen Sie es sich auf einem Sofa oder einer Matratze gemütlich. Kerzen, Duftöle oder ein abgedunkelter Raum – das alles schafft eine Atmosphäre, die Kinder anspricht. Das Lieblingskuscheltier Ihres Kindes darf selbstverständlich mit entspannen!

Abschalten will gelernt sein – daher sollten Sie nicht enttäuscht sein, wenn Ihr Kind am Anfang rumzappelt, nicht ruhig liegen oder sitzen bleiben will oder die Augen nicht schließt.

Entspannung mit Kindern – dazu bieten sich unter anderem Spiele an, von denen wir Ihnen hier einige vorstellen.

kleine Spiele zur Entspannung

Wetterbericht

Ihr Kind liegt mit unbekleidetem Oberkörper und geschlossenen Augen in Bauchlage auf einem weichen, gemütlichen Untergrund (Teppich, Bett oder Sofa). Nun malen Sie Ihrem Kind den Wetterbericht für den nächsten Tag auf den Rücken. Das könnte so aussehen:

Leichter Regen:
Die Finger tröpfeln sanft über den Rücken.

Starker Regen:
Mit allen Fingern gleichzeitig fest klopfen.

Schnee:
Ganz sanft mit den Fingerkuppen die Haut berühren.

Hagel:
Mit den Fingerknöcheln fest klopfen.

Sonnenschein:
Alle Finger streichen zart von der Mitte nach außen.

Nebel:
Leichte kreisende Bewegungen mit der Handinnenfläche machen.

Glatteis mit Rutschgefahr:
Mit Druck über den ganzen Rücken streichen.

Wer kann erfühlen, wie das Wetter morgen wird? Ihrer Fantasie sind bei diesem Spiel natürlich keine Grenzen gesetzt.

Bierdeckelklau

Ihr Kind legt sich mit geschlossenen Augen in Bauchlage auf den Boden und Sie belegen Rücken und Beine des Kindes mit Bierdeckeln. Ganz vorsichtig decken Sie anschließend nacheinander die einzelnen Bierdeckel wieder ab. An welcher Stelle ist ein Bierdeckel geklaut worden? Wer kann die Körperteile möglichst exakt benennen, zum Beispiel zwischen rechtem Schulterblatt und Wirbelsäule?

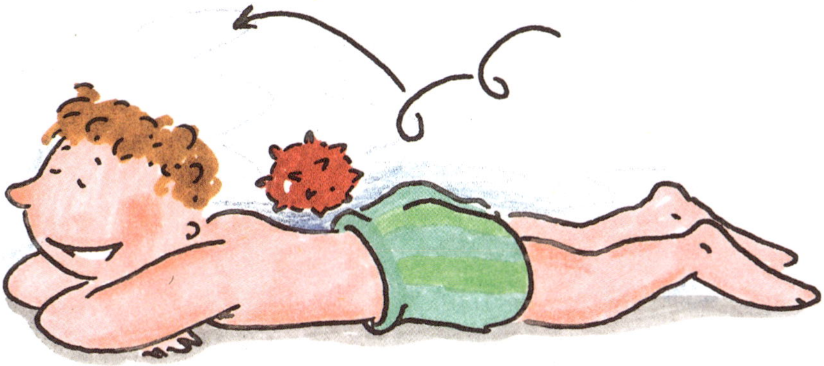

Rollende Igel

Igelbälle oder auch einfache Tennisbälle eignen sich besonders gut für eine kleine Massage. Am besten geht das, wenn sich einer auf den Bauch legt und der andere sich als Masseur neben ihn kniet. Mit kreisenden Handbewegungen rollt der Masseur den Igelball über den ganzen Körper. Die Massage sollte angenehm sein und nicht weh tun! Der Masseur kann unterschiedlich starken Druck auf den Igelball ausüben – einfach ausprobieren, was gut tut!

Vielen Kindern macht es besonders Spaß, wenn sie selbst bei Mutter oder Vater die Entspannungsspiele durchführen können. Die positive Rückmeldung der Eltern über das angenehme Gefühl motiviert die Kinder, diese Spiele auch zu genießen.

Literatur, Musik und Adressen

Allgemein

Bartl, Almuth; Stolte, Reiner:
Kinderolympiade.
Ravensburger Buchverlag Ravensburg 1996

Bös, Klaus; Renzland, Jürgen:
Fitness & Fun für Eltern und Kinder.
Mehr Bewegung, weniger Streß.
Meyer & Meyer Verlag Aachen 1998

Dirx, Ruth:
Kinderspiele von Januar bis Dezember.
ECON Taschenbuch Verlag GmbH
Düsseldorf 1987

Hoffmann, Klaus W.:
Kinder brauchen Bewegung.
Rowohlt Taschenbuch Verlag Reinbek 1998

Kiphard, Ernst J.:
Mototherapie.
Verlag modernes lernen Dortmund 1994 / 1995

Ried, Bettina:
Eltern – Turnen mit den Kleinsten.
Ökotopia-Verlag Münster 1996

Zauner, Renate:
Kinder brauchen Bewegung.
Ravensburger Buchverlag Otto Maier GmbH
Ravensburg 1991

Kinder brauchen Bewegung

Zimmer, Renate:
Schafft die Stühle ab!
Herder Verlag Freiburg 1995

Es bewegt sich was

Kiphard, Ernst J.:
Wie weit ist mein Kind entwickelt?
Eine Anleitung zur Entwicklungsüberprüfung.
Verlag modernes lernen Dortmund 1996

Sportjugend im LandesSportBund Nordrhein-Westfalen e.V. (Hrsg.):
Kinder mit mangelnden Bewegungserfahrungen.
Praktischer Ratgeber für Mitarbeiter/innen in Sportvereinen und Interessierte.
Duisburg 1996
Zu beziehen über:
Landessportbund Nordrhein-Westfalen
Sportshop
Friedrich-Alfred-Str. 25
47055 Duisburg

Teusen, Gertrud:
Kinderturnen macht Spaß.
Gesund und fit durch die ersten sechs Jahre.
Beltz Verlag Weinheim und Basel 1994

Der kann ja noch nicht einmal einen Purzelbaum

Breithecker, Dieter; Liebisch, Reinhard; Weimann, Regina:
Kinder brauchen Bewegung.
Wahrnehmungs- und Bewegungsförderung im Vorschulalter.
Zu beziehen über:
Bundesarbeitsgemeinschaft für Haltungs- und Bewegungsförderung e.V.
Friedrichstr. 14
65185 Wiesbaden

Mama spielt heute Volleyball

Zimmer, Renate; Cicurs, Hans:
Kinder brauchen Bewegung.
Brauchen Kinder Sport?
Einhard Verlag Aachen 1994

Jetzt kommt ein Karton

Baum, Heike:
Bewegungsspiele für Kinder ab vier Jahren.
Herder Verlag Freiburg 1996

Ehrlich Peter; Heimann, Klaus:
Bewegungsspiele für Kinder.
Verlag modernes lernen Dortmund 1995

Hanna, Evi und Hans; Summerer H.:
Bewegen und spielen.
Don Bosco Verlag München 1994

Sportjugend Hessen im Landessportbund Hessen e.V.:
Bewegung Kunterbunt.
Caro Druck GmbH Frankfurt 1995
Zu beziehen über:
Sportjugend Hessen
Otto Fleck-Schneise 4
60528 Frankfurt

Thiesen, Peter:
Schönwetterspiele.
Praxis des Spiels im Freien mit 3- bis 7jährigen.
Lambertus-Verlag
Freiburg im Breisgau 1986

Tanzbären und Krabbelmäuse

Niegl, Johanna:
Familie Bär.
Lieder, Spiele, Tänze (mit MC / CD).
Fidula-Verlag Boppard am Rhein 1997

Wer Lust auf weitere kindgerechte Bewegungsideen bekommen hat oder mehr über Vorführungen mit Kindergruppen zu Rolfs Liedern wissen möchte, wendet sich an:
Heidi Lindner in der PIPO-Lernwerkstatt
Hainbuchenweg 16a
24536 Neumünster
Tel. 0 43 21 / 3 21 22
Fax 0 43 21 / 3 96 25

Wenn Sie das aktuelle Gesamtverzeichnis (CD/MC/Video/Bücher) von Rolf Zuckowski und Musik für Dich sowie aktuelle Informationen erhalten möchten, schreiben Sie bitte an:
Polydor GmbH / Musik für Dich
Glockengießerwall 3
20095 Hamburg

Rückenfreundliche Bewegung für Kinder

Breithecker, Dieter; Liebisch, Reinhard:
Mit Sport, Spiel und Spaß zur besseren Haltung.
Zu beziehen über:
Bundesarbeitsgemeinschaft für Haltungs- und Bewegungsförderung e.V.
Friedrichstr. 14
65185 Wiesbaden

Kempf, Hans-Dieter; Fischer, Jürgen:
Rückenschule für Kinder.
Haltungsschwächen korrigieren – Haltungsschwächen vorbeugen.
Rowohlt Taschenbuch Verlag Reinbek 1993

Reinhardt, B. (Hrsg.):
Die große Rückenschule.
PERIMED-spitta, Medizinische Verlags-Gesellschaft Balingen 1995

Schneider, Monika:
Gymnastik-Spaß für Rücken und Füße.
Gymnastikgeschichten und Spiele mit Musik für Kinder ab 5 Jahren (Buch und MC/CD).
Ökotopia Verlag Münster 1997

Zeigt her eure Füße

Kempf, Hans-Dieter; Fischer, Jürgen:
Rückenschule für Kinder.
Haltungsschwächen korrigieren – Haltungsschwächen vorbeugen.
Rowohlt Taschenbuch Verlag Reinbek 1993

Köhler, B.; Reber, H.:
Kinder machen Fußgymnastik.
Enke Verlag Stuttgart 1991

Schneider, Monika:
Gymnastik-Spaß für Rücken und Füße.
Gymnastikgeschichten und Spiele mit Musik für Kinder ab 5 Jahren (Buch und MC/CD).
Ökotopia Verlag Münster 1997

Manege frei

Hense, Josef; Kötter, Heiner; Türk, Ulrike (Hrsg. Kölner Spielecircus e.V.):
Circusspiele.
Ideen für die Circuspraxis.
Maternus Buchhandel und Verlag GmbH & Co KG Köln 1996

Wasserspaß

Bauermeister, Heinz:
In der Badewanne fängt es an.
Copress Verlag München 1984

Freitag, Thomas:
Plitsch Platsch Wasserspaß.
Wasserspiele für Klein und Groß.
Ökotopia-Verlag Münster 1995

Schmid, Ronald:
222 Spiele im Wasser.
Ronald G. Schmid Verlag Altötting 1991

Ich laufe, so schnell ich kann

Zimmer, Renate:
Bewegung, Spiel und Sport mit Kindern
Einhard Verlag Aachen 1990

Zimmer, Renate:
Handbuch der Bewegungserziehung.
Herder Verlag Freiburg im Breisgau 1996

Natur tut gut

Cornell, Joseph Bharat:
Mit Kindern die Natur erleben.
Verlag an der Ruhr Mülheim 1991

Saudhof, Kathrin ; Stumpf, Birgitta; Knipping, Jutta:
Mit Kindern in den Wald.
Ökotopia Verlag Münster 1998

Stadt Aachen (Hrsg.):
Ich glaub` ich bin im Wald.
Entdecken, Wahrnehmen, Spielen und Gestalten
Zu beziehen über:
Umweltamt Aachen
Wilhelmstr. 96
52070 Aachen

Auszeit

Friebel, V.:
Weiße Wolken - Stille Reise.
(mit MC/CD)
Ökotopia Verlag Münster 1996

Friedrich, S.; Friebel, V.:
Entspannung für Kinder.
Rowohlt Taschenbuch Verlag Reinbek 1993

Fuhrmann, Elke:
Mein Freund, der Baum
(Buch mit MC)
Humboldt- Taschenbuchverlag Jacobi KG
München 1996

Schneider, Monika:
Meditieren mit Kindern.
(mit MC)
Verlag an der Ruhr Mülheim 1994

Adressen

Aktionskreis Psychomotorik e.V.
Kleiner Schratweg 32
32657 Lemgo
Tel. 0 52 61 / 97 09 70
Fax 0 52 61 / 97 09 72

Bundesarbeitsgemeinschaft für Haltungs- und Bewegungsförderung e.V.
Friedrichstraße 14
65185 Wiesbaden
Tel. 06 11 / 37 42 09
Fax 06 11 / 9 10 07 06

Bundesverband der deutschen Rückenschulen (BdR) e.V.
Lingener Str. 12
48157 Münster
Tel. 02 51 / 60 90 707
Fax 02 51 / 67 43 170

Deutsche Sportjugend
Otto-Fleck-Schneise 12
60528 Frankfurt
Tel. 0 69 / 67 00-0
Fax 0 69 / 67 02 691

Deutsche Turnerjugend
Otto-Fleck-Schneise 8
60528 Frankfurt
Tel. 0 69 / 67 80 10
Fax 0 69 / 67 80 11 79

Adressen von Sportvereinen an Ihrem Wohnort finden Sie im Telefonbuch oder fragen Sie bei Ihrer Gemeinde.

PIPO-Lernwerkstatt
Hainbuchenweg 16a
24536 Neumünster
Tel. 0 43 21 / 3 21 22
Fax 0 43 21 / 3 96 25

Impressum

Herausgeber:

Mehr Zeit für Kinder e.V.
Fellnerstraße 12
60322 Frankfurt am Main
Tel. 069 / 15 68 96-0

BARMER Ersatzkasse
Abteilung Marketing und Vertrieb
Untere Lichtenplatzer Straße 100–102
42289 Wuppertal
Tel. 02 02 / 5 68-18 02

Konzeption: Ulla Conrad, Mehr Zeit für Kinder e.V.
Projektleitung und Redaktion: Astrid Deichmann, Mehr Zeit für Kinder e.V.
Redaktionelle Mitarbeit: Susann Buchholz, Mehr Zeit für Kinder e.V.
Projektleitung BARMER: Susanne Wickmann
Fachliche Beratung BARMER: Ruth Rumke, Achim Kleinfeld
Wissenschaftliche Mitarbeit: Prof. Dr. Renate Zimmer, Universität Osnabrück; Bundesarbeitsgemeinschaft für Haltungs- und Bewegungsförderung e.V., Wiesbaden
Lektorat: Edith Jentner, Egmont Pestalozzi Verlag
Autoren: Susann Buchholz, Ulla Conrad, Astrid Deichmann, Kerstin Gemballa, Monique Geske, Silvia Hackenberg, Heike Pinne, Ulrich Schaab, Thorsten Schwalm, David Selbach, Markus Strüver
Layout und Illustration: Tobias Borries Studio, Offenbach

Printed in Slovakia
ISBN 3-614-53336-0

Das Buch ist beim Mehr Zeit für Kinder e.V. käuflich zu erwerben. Man bekommt es **nicht** im Buchhandel oder beim Egmont Pestalozzi Verlag. Nähere Informationen erhalten Sie unter Tel. 0 69 / 15 68 96-0.

Bisher sind folgende Bücher der BARMER Ersatzkasse und des Mehr Zeit für Kinder e.V. erschienen:

Das Gesundheits-Spielebuch.

Mit vielen Tipps zum Mitmachen, Geschichten zum Lesen und Vorlesen und Ideen zum Spielen für nicht mehr ganz kranke und noch nicht richtig gesunde Kinder. Damit das Kranksein zu Hause oder im Krankenhaus leichter überstanden wird. 124 Seiten.

Sprich mit mir.

Ein Buch für große und kleine Leute voller Tipps und Ideen zur Förderung der Sprachentwicklung, unter anderem mit einer Übersicht über die normale Sprachentwicklung bei Kindern, mit Experten-Interviews und vor allem mit vielen Sprachspielen für alle Gelegenheiten. 126 Seiten.

„Das Gesundheits-Spielebuch" und „Sprich mit mir" gibt es ausschließlich beim Mehr Zeit für Kinder e.V. Nähere Informationen erhalten Sie unter Tel. 069/15 68 96-0.